岩下 修の国語授業

国語力を高める究極の
音読指導法
&
厳選教材

岩下 修 著

明治図書

まえがき

日本語の文章と詩歌の音読法を本書で具体的に紹介する。音読は、どんな読み方でもよいという声もある。とんでもない。音読することによって、音読者自身に映像が喚起し、理解が進む文章の音読法がある。音読することによって、リズムと歌と映像がセットになって生まれるような詩歌の音読法がある。私は、このような、

「日本語の理に適った音読法」

を模索してきた。理に適っている音読は、聞き手にも心地よい。違和感がない。だから、聞き手も、その文章や詩歌の理解が深まる。

このような音読法については、意外にもあまり話題にされない。母語を日本語としている我々は、どんな日本語でも、ある程度は通じてしまう。だから、不自然で違和感のある音読でも、改善されないことが多い。そんな中、「読点で一拍、句点で二拍休み」のような、「理に適わない音読法」がいまだに現場では主軸にある。また、「○○読み」とか多様な音読活動のバリエーションの開発が先行したりする。優先順位が違う。まず、真っ先に手をつけなければいけないのは、日本語の文章や詩歌の音読法の基本である。

音読のない国語授業はない。国語以外の教科でも音読の場はある。もし、教師が「読点一拍休み」で読めば、子どもにはそれがモデルとならざるを得ない。私なら一分も耐えられない。癖のある教師

の音読に、何と一年間もさらされることになる。子どもは何も言えない。責任重大である。このような教師の音読では、心地よさを味わえない。日本語の言葉や文の持つ力を体得することは難しい。理解する力、表現する力も身につかない。もったいない。音読によって日本語を身体化するという土台がなければ、日本語を深く学ぶことは難しい。

最近、やっと音読法の基本が分かってきた。型として技として言語化できるようになってきた。音読講座に参加してくださる先生方の音読は、ほんの一言で劇的に変わる。すでに、発声のための燃料を蓄えた先生方だから、エンジンのかけ方を示すだけで、見事に走り出すのである。音読することが心地よさそうになる。同じ方法で、子ども達の音読も、劇的に変わる。今、担当している二年生もそうだ。初めて出会う各地のさまざまな学年の子ども達の音読も同じように変わる。どうやら私の示す音読法の型と技は、かなり、理に適ったものになってきているようだ。

本書で、その「理に適った音読法」をまとめる。誌上音読講座である。ただし、音声に関わることを文で表すのは大変な困難を伴う作業となりそうである。しかし、書くという作業は、より厳密に、型や方法を形にすることにはなろう。また、書くことで、新たな気づきも生まれるという楽しみもある。新たな気づきや学びも取り入れながら、「究極の基本」を目指して、本書をまとめていく。

Ⅰ章「日本語の文章音読法の基本」では、現代文の文章の音読法を示す。毎日のようにしている物語文、説明文の音読法である。本章は、本書の一つの軸である。すばらしい音読に共通しているのは、聞いていて違和感がないことである。余分なことに意識がいかない分、自然に映像が浮かび、意味も伝わってくるというわけである。そのすぐれた音読者から学び、それを学校の現場で活用したいと思うのである。

Ⅱ章「文章の音読練習法」は、教室での音読練習法を紹介する。多様に実践されている「○○読み」の中から、音読力が身につき、読解に有効な音読練習法に絞った。四十年以上、音読をさせてきて、私の中で生き残った音読練習法である。知と快が生まれる音読練習法と言っていい。ぜひ、お試しいただきたい。

Ⅲ章「伝統的言語（文語体）詩文の音読法と厳選教材」では、すぐれた伝統的言語（文語体）の詩文を紹介しながら、音読法を示す。文語体の名文は、百数十年しかたたない口語文よりも、熟成されている。ひたすら音読すれば、響きとリズムが生まれてくる。文語体の詩文の音読は、伝統的文化の学習のためというより、現代日本語を発声する身体作りになると考える。だから、低学年から音読させ、暗唱させることをおすすめする。

Ⅳ章「日本語力を高める現代詩歌の音読法と厳選教材」では、口語体の詩歌の音読法を示した。これもおすすめの教材を紹介しながら、その教材に対応する音読の仕方を提案する。口語体で書かれた詩は、文語体に負けないように、「歌」にするための何らかのしかけがある。最大のしかけは、拍を伴うような言葉の配列である。歌うように読む方法を体得していただければと思う。

新学習指導要領では、音読が、基礎的な知識・技能に位置づけられた。読解の授業の中だけでなく、国語の全課程の中で、指導せよということであると解釈したい。読解の内容の中には、音読の指導は明記されていない。ところが、音読できる子と読解力の高さとは、見事に相関する。寺小屋の素読の意義が見直されている。音読のない読解の授業はあり得ない。読解の授業の中でも、音読が授業にリズムを生む。音読が全員参加を促す。「音読は究極の読解である」という前提を元にした上での、学習指導要領の改訂であるととらえたい。

教師生活四十年以上になる。やっとたどり着いた音読法は、実にシンプルなものだった。「そんな簡単なこと」と言われそうな気がする。しかし、そのシンプルさが、学校を超えて、他の多くの場で広く活用できるのではと考える。ぜひ、ご意見・ご批判をいただければ幸いである。本書の執筆で新たに学んだことも踏まえて、より「理に適った音読法」を求めていきたい。国語教育の改革は、音読法の改革から始まる。

二〇一八年　五月

岩下　修

もくじ

Ⅲ章 伝統的言語(文語体)詩文の音読法と厳選教材

Ⅳ章　日本語力を高める現代詩歌の音読法と厳選教材

Ⅰ章

日本語の文章音読法の基本

日本語の文章の音読法をまとめる。四十年あまり一教師として、音読をしてきた。当然、私の音読をモデルとして、子ども達の音読も生まれた。おそろしいことだ。多くの授業を参観し、先生方やその学級の子ども達の音読も聞いてきた。音読について書かれた書物からもたくさん学んできた。

そして、やっと分かったことがある。今まで、そして現在も、学校で行われている文章の音読指導、いわゆる「学校読み」は、大きな修正が必要であるということである。しかも、一文を音読するという、まさに、基本部分での修正が必要なのだ。本章では、何が問題か、どうしたらよいかについて考えてみた。今の段階で、私が、最も理に適っていると思われる日本語の文章の音読法を紹介する。

音読の最大の目的は、音声化することによる音読者自身の日本語の言葉と文の獲得である。文章の音読は、音読者の読解を促す。音読は、文や文章を他者へ伝達する機能も持つ。音読によって身体化された言葉や、構文は、文章の筆記や、コミュニケーションの際にも役立つ。音読の効果ははかり知れない。必要なのは、このような多大な効果を生み出す、理に適った音読法、音読エンジンの確立である。

1 「意味句読み」を文章音読の基本とする

文章の音読は、「意味句読み」をすることをおすすめする。

意味句とは、一文の中の一つの「意味のかたまり」の単位である。「意味のかたまり」は、ときに映像であったり、画像であったり、あるいは情報であったりする。

一つの「意味句」が終了したところで、一つの間を空ける。

このような「意味句読み」を文章音読の基本ととらえることを提案したい。

たとえば、次の文は、どう読むか。

「ごんは、一人ぼっちの小ぎつねで、しだの一ぱいしげった森の中に、穴をほって住んでいました。」

（青空文庫版『ごん狐』より。以下すべて、同版による）

この文を、読点で機械的に一拍休んで読んでみる。

例1・1

「ごんは、〈一人ぼっちの小ぎつねで、〈しだの一ぱいしげった森の中に、〈穴をほって住んでいました。」

間（〈）が三か所、文を四つのかたまりで読むことになる。すると「ごんは」「小ぎつねで」「森の中に」「穴をほって…」と、四つの情報がバラバラに出てきてしまう。

この文が伝えたいのは、「ごんが一人ぼっちの小ぎつねである」という情報と、「森の中に穴をほって住んでいる」という情報である。その二つの情報が、映像として浮上するように音読したい。その映像が生まれたとき、読み手の理解は深まったと言える。どのように、音読したらよいか。

例1・2

① ごんは、一人ぼっちの小ぎつねで、＜　（意味句1）
② しだの一ぱいしげった森の中に、穴をほって住んでいました。　（意味句2）

このように、二つの「意味句」（映像）で構成されているととらえる。まず「意味句1」を一息で音読し、「一人ぼっちの小ぎつね」の映像を浮上させる。ここで間（＜）をとる。その後、「意味句2」を一息で読む。「森の中にほった穴に住むごん」の映像を浮上させるのである。

一つの意味句で一つの間を空ける。

「意味句」という言葉は、辞書にはない。元NHKアナウンサー杉澤陽太郎氏の著作『現代文の朗読術入門』（NHK出版）で知った。意味句は、文章を伝えるための術として考え出された用語であるが、音読者自身の読解を促す基本的な読み方であるととらえたい。「意味句読み」は、「読点一拍、句点二拍休み」を軸とした、いわゆる「学校読み」を改革する切り口になると考える。

2 読点一拍休みをやめる

「読点で一拍、句点で二拍休んで間を空ける」。分かりやすく、指導しやすい。だから、相変わらず、現場で指導されている。「読点」は、文字通り読むと「読む点」となる。「読み」に関係のある記号のように見える。

作者が付した読点は尊重すべきという声もある。賛成である。問題は、作者が読点で機械的に一拍間を空けて音読されることを想定していたかということだ。そもそも「読点」は、目で読む人（黙読者・目読者）のために付されたものである。音読を意識して作られた文章は、特殊なもの、実験的なものと言っていい。宮澤賢治などの作品の中に、いくつか見られる。後述する。

次の文を、「読点一拍休み」で読むと、どうなるか。

例２・１

おばあさん**が**、＜川のそば**で**、＜せんたくをしています**と**、＜川かみ**から**、＜大きなもも**が**、＜どんぶらこどんぶらこ**と**、＜ながれてきました。

『ももたろう』より

自然に、文節末が強調される。その状態を、活字のポイントを大きくして表現してみた。この方法で語尾を強調したり、伸ばしたりすると、「が」「で」「と」「から」「が」「と」の文節末の音が強調されて聞こえてくるということになる。文節末の音が気になってしまう。すると、「洗濯をしているおばあさん」「川上から流れてくる大きなもも」という大事な情報が映像として浮上しにくくなる。

その結果、音読する方も、聞く方も、読解が成立しなくなる。

文節末でりきむと大事な情報が消える。

この「読点一拍休み」を、一斉音読ですると、どうなるか。文節末で声を合わせようとするから、教室の中は、「が」「で」などの音が鳴り響くことになる。大事な情報部分は、消滅状態である。「音読のための音読」とか、「学校読み」と揶揄されることになる。以前から、このような一斉音読を見聞きして、違和感を感じていた。なぜ、いやなのかがやっと分かった。大事な情報がかき消されてしまうからだ。

右の文を、「意味句読み」してみる。意味句と意味句の間に、一つの大きな間（＜）を空ける。この原則を適用して音読する。

例２・２

①　おばあさんが、川のそばで、せんたくをしていますと、　（意味句１）
②＜川かみから、大きなももが、どんぶらこどんぶらこと、ながれてきました。　（意味句２）

意味句1を一息で読む。「いますと」の「と」はりきまないで押さえ、「川のそばで洗濯をしているおばあさん」の映像を浮上させる。ここで、息つぎをして間を空け、「意味句２」を一息で読み、「川上から流れてくる大きなもも」の映像を浮上させるのである。

3 文末でりきまない

文末もりきみが出がちである例2・2の文、「どんぶらこどんぶらこと、ながれてきました。」では、文末の「した」まで明瞭に発声してしまうと、「SITA」という音ばかりが、浮き上がってしまう。その後の句点で間が空くので、余計に、耳に残ってしまう。そこで、意識し、実践したいことがある。

文末は音を落とし情報部分を浮上させる。

「ごんぎつね」2の場面にある二十の文のうち、何と、十八の文末が「ました」であった。たとえば、次のような箇所がある。音読しやすいように、改行してみた。ぜひ、音読していただきたい。

例3・1

話し声も近くなりました。
そうれつは墓地へ入ってきました。
人々が通ったあとには、ひがん花がふみおられていました。

短い一文の「ました」が連続して出てくる。「ました」が次第に増幅されていく感じになる。そして、このとき、音読者は、自分が発した「ました」の音に邪魔され、大事な情報の映像化を妨げられる。「ました病」とでもいう現象である。

この三つの文で大事なのは、「近くなったそうれつの姿と話し声」「墓地へ入ってくるそうれつ」「そうれつの人々が通ったあとのふみおられたひがん花」である。

「ました病」は、音読を聞いている人にも影響を及ぼす。「ました」という音が耳についてしまう。

やはり、映像の喚起に甚大な影響を及ぼす。

「文節末りきみ」「文末りきみ」は、実は、学校現場だけの問題ではない。テレビに出演しているアナウンサーやナレーターの中に、相変わらず、「文節末りきみ」や「文末りきみ」の方がおられる。

最近のものでは、歴史を取り上げた番組のナレーターの語りが気になる。「した」の「TA」に違和感がある。私が過敏すぎるのかもしれない。たったの一音で私は、その番組に集中できなくなる。

中には、あえて、「だ」「のだ」「いる」等の文末に力を入れたり、はね上げたりしているナレーターもいる。バラエティだけでなく、報道番組の中でもある。そのように表現することで、語り手の感情がちらつく。その分、情報部が劣化している。報道番組だけに気になってしまう。

逆に、「文末りきみ」を解消するヒントを与えてくれる方もいる。声をぐっと落としたり、無声化したりすることで、情報部を浮上させているのだ。いずれかの方法で、先の文を読んでみよう。

例3・2

話し声も近くなりました。

そうれつは墓地へ入ってきました。

人々が通ったあとには、くひがん花がふみおられていました。

4 「ため」を入れて言葉を発声する

「言葉を発する際には、ためを入れる」

この一言で、音読指導の道が拓けた。杉澤陽太郎氏の前掲著の中で紹介されていた。付録のＣＤで、実際にやってみせてくれている。

たとえば、「つくえ」と発声するときには、「つ・く・え」（ＴＳＵ・ＫＵ・Ｅ）と三つの音を発するのではない。つくえというそのモノを、そこに提示するように発声する。そこで必要になってくるのは、「ため」である。ためを入れた読みを、次のように表示してみる。

「・つくえ」

「・」が「ため」である。息を止めて、息の吐き出しと共に、一気に「つくえ」と発する。あえてローマ字で表記すると、「・ＴＳＵＫＵＥ」となろうか。音が残るのではなく、その音声によって指示され、映像化されたモノが残るということだろう。実際に、試していただきたい。

例４・１

○つくえ…「つ・く・え」→「・つくえ」
○こくばん…「こ・く・ば・ん」→「・こくばん」
○ランドセル…「ラ・ン・ド・セ・ル」→「・ランドセル」
○うんどうかい…「う・ん・ど・う・か・い」→「・うんどうかい」

「ため」を入れようとすると、「はら」が動き出す。そして、「ため」を入れて、最初の言葉を発するときには、「はら」をはり、息を止めた状態になる。「はらを使って発声せよ」とよく言われる。実は、「ため」を入れようとすることで、結果的に「はら」が使われるのである。

思い出すのは、ある劇団が子ども相手にした音読指導法である。「おはようございます」の母音だけを発声させる。「O - A - O - U - O - A - I - A - U」と、「母音の口形」を使って発声させる。その後、「O - HA - YO - U - GO - ZA - I - MA - SU」と発声させる。これは、杉澤氏の指摘と逆。発声の結果出てくるのは音である。子ども達の多くは、劇団のメンバーのように口角を使った発声にはならない。練習が足りないのではない。口形よりも、むしろ舌の位置で母音の音は変わるからだ。子ども達は、ごく自然な母音発声に戻ったというわけである。

私なら、子ども達に、次のように発声させる。

例4・2

「・おはようございます」「・ありがとうございます」

不世出の名人と言われた能楽師観世寿夫氏は、世阿弥の「惣じて、音曲をば、いろは読みには謡はぬ也」という言葉を引用し、能の謡の発声は、いかにも、「一字一字を引きのばしてうたうという印象がある」がそうではない。「一字一字がのびてしまう謡は非常に悪い謡です」「語幹をなるべくくっつけて発音して詞章を生かさなければならない」と言われた（『心より心に伝ふる花』白水社）。「つ・く・え」でなく、「・つくえ」という読み方は、六百年前の世阿弥の言葉につながるものだったのである。

5 「ため」を入れて一文を読む

「ため」を入れることによって、言葉に意味が生じたり、映像化することができる。それなら、一文を読むときも、「ため」を入れて読めば、よりくっきりとした映像が浮上することになる。

次の文を「読点一拍休み」と、一文の冒頭の「ため」を意識した「意味句読み」で読んでみよう。

例5・1

A　おじいさんは、＜やまへしばかりに、＜おばあさんは、＜川へせんたくに行きました。

B・おじいさんは、やまへしばかりに、＜おばあさんは、川へせんたくに行きました。

C・おじいさんは、やまへしばかりに・おばあさんは、川へせんたくに行きました。

Aは「読点一拍休み」読みである。映像は浮上しにくい。

Bのように文頭に「ため」を入れることによって、「おじいさん」から、「しばかりに」までが、息の吐き出しと共に、一気に読める。これで一つの映像。その後、「おばあさんは」の前で息つぎ（＜）をして一気におばあさんの行動を描き出す。

では、Cは何か。これも意味句読みである。Bと違うのは、「おばあさん」の前で息つぎ（＜）をしないことだ。息を止め、少し間を空けて、読み出すのである。このときの発声の仕方は、冒頭の間（・）の使い方とほぼ同じである。

このような、文の途中の息つぎをしない間を、「ため間」と呼ぶことにする。

つまり、間は、息を吸う「息つぎ間」と、息を吸わず止めたまま間を空ける「ため間」の二つを考えればよいということになる。これで、間の扱いがシンプルになる。

先に紹介した観世寿雄氏は、世阿弥の「一調二機三声」について、次のように説明する。

「いちばん初めに、まず自分の中でこれから発する声の音高や音程、テンポといったものを体で捉え、二番目に、体の諸器官を準備し、息を充分に引いて整え、声を出す間をつかんで、三番目にはじめて声を出すということです。」〔前掲著〕

能の謡は、発声するとき、ここまで準備が必要かと驚いた。実は、文章を音読する際にも準備が必要だったのである。意味句はどこか。「息つぎ間」にするか、「ため間」にするか等々。

観世氏が言う「体の諸器官」の中心がはらであろう。「ため」を入れようとしたときに、はらがはる状態になる。はらを意識的にはる。これが、はらを使うということなのである。

次の文を「ため」を入れて、音読してみよう。

例5・2

①・ある秋のことでした。

②・そらはからっと晴れていて、・もずの声がキンキンひびいていました。

①は、息を吸う途中で息を止めて、はらをはり、「ある」と出る。②は、「晴れていて」のあとで、息を止め、「ため間」をとったあと、「もずの」と発声する。つまり、「ため間」で意味句読みをするわけである。

6 教材に音読の記号を付けよう

音読する前に、私は、まず、二つのことをする。

1 読点の検討

2 意味句記号付け

まず、読点の検討である。間を空ける必要のない箇所に印を付ける。「ここは間を空けないで続けて読む」ことを確認する。「休まない読点記号」と言ってもよい。本書では、「↓」を付けている。

次に、「意味句」の記号を付ける。「意味句」のあと、間を空ける箇所に記号を付ける。

意味句記号（間の記号）として、次の三つを用意している。

①「・」（ため間）…息を止めたまま、少し間を空ける。「ため」の記号である。

②「く」（息つぎ間）…息を吸ってから発声する。

③「≪」（大きな間）…新しい場面に入る前。新しい意味段落（説明文）に入る前など。

まず、次のような単文を例にして考える。

「ごんは、村の小川のつつみまで出てきました。」

一つの意味句からなる文である。「意味句で一つの間」の原則を当てはめると、Aのように、一息で読めばよいことになる。Bのように、「ごんは、」のあと息を止め、「村の…」と読む手もある。「ため間」（・）を使うのである。このように読むと、まず「ごん」が浮上し、その直後に、ごんの行動を語ることになる。Ｂの場合、助詞の「は」をりきんだり、のばしたりしない。

例６・１

Ａ・ごんは、村の小川のつつみまで出てきました。
Ｂ・ごんは、村の小川のつつみまで出てきました。

次のような文（重文）をＡ、Ｂ二つの読み方で読んでみよう。

例６・２

Ａごんは、見つからないように、そうっと草の深いところへ歩きよって、そこからのぞいてみました。
Ｂごんは、見つからないように、そうっと草の深いところへ歩きよって、そこからのぞいてみました。

ＡもＢも、「歩きよるごん」と「のぞいてみるごん」の二つの意味句に分ける。Ｂは、「そうっと」の前に、「ため間」を入れて読むのである。子ども達には、Ａの方が指導しやすいだろう。

7 音読記号を付けるという教材研究

少し長い一文に、「読点で休まない」記号（↓）と、「息つぎ間」記号（＜）と、「ため間」記号（・）を付けてみよう。

例7・1

その中には、（・）芝の根や、↓草の葉や、↓くさった木ぎれなどが、↓ごちゃごちゃはいっていましたが、＜
でもところどころ、↓白いものがきらきら光っています。

ここでは、六つの読点のうち、四つに「↓」を付けた。二つの意味句に分け、「芝の根や草の葉や木ぎれなど」と、「きらきら光っている白いもの」の映像を浮上させている。ただし、指示語の「その中」が「はりきりあみの中」であることを確認したい気もする。その場合、「その中には」のあとに、「ため」（・）を入れる。

では、次の一文は、どう音読するか。

例7・2

兵十は、↓それから、↓びくをもって川から上《あが》り、＜びくを土手においといて、＜
何をさがしにか、↓川上の方へかけていきました。

意味句を二つにするか、三つにするかで迷う。この文は、「兵十は、…上り」「（兵十は）…おいて」「（兵十は）…かけていきました」と、三つの文からなる重文である。そこで、今回は、三つの意味句、三つの映像ととらえて読んでみた。このように、長い一文の場合、主述を基に、意味句を確認していく。

読点がなくても、間を空けた方がよい箇所もある。「ごんは、のびあがって見ました。」の一文である。この一文は、「ごんはのびあがりました」という文と、「ごんは見ました」という文からなる。短くても二つの意味句と考えたい。そこて、「見ました」の前に「ため間」を空けて読むことにする。

例7・3

ごんは、のびあがって　見ました。

見た先には、いはいをささげた兵十がいたのである。読点はないが、「見ました」の前で、間を空けることによって「見ました」という行動をはっきりさせる。

このように、意味句を検討し、読点の処理を検討することにより、文の構造がみえてくる。この作業は、文章、文を分析する大事な教材研究である。

8 息の吐き出しと共に「高くから」

「一文を読むときは、高くから出る。発声しながら、息を吐いていく。声も自然に低くなる。」

高梨啓一郎氏の『これが本当の朗読だ』（大阪書籍）から学んだことだ。氏は、先生の音読には共通の「調子読み」があると言われる。次のA（イメージ図）のように、出だしの音を低く出し、後半を高くしたりするというのである。

例8・1

A

こんなことを
考えながら
やってきますと、く
いつのまにか、（中略）
表に赤いいどのある
兵十の
うちの前にきました。

例8・2

B

こんなことを
考えながら
やって**き**ますと、く
いつのまにか、（中略）
表に赤いいどのある
兵十のうちの前に
きました。

「こんなことを」と低く出る、「考えながら」を少し高いところから出し、「やってきますと」は、さらに高いところから出る。息つぎのあと、「うちの前」がまた高くなってしまう。確かに、よく耳にする読み方だ。私も、以前は、このように読んでいた気がする。

高梨氏から学びを取り入れ、Bでは、次のように読む。

① 「こんなこと」と高くから出て、息を吐きながら、「やってきますと」まで読む。

② 「ますと」は、少なくなった息を使い、ていねいに押さえ気味に読む。（ここまでで一映像）

③ ここで息を吸い、「いつのまにか」を再度、高くから発声する。

④ 文末の「きました」を少し押さえ気味に発声しながら息を全部吐き切る。

このように、高くから出て、息の吐き出しと共に音読すると、身体のりきみが消え、実に気持ちいい。読み手にも、聞き手にも、映像が浮上する。「高くから読む」。これで、音読が急に変わる。次の文（青空文庫版『手袋を買いに』より）を、「高くから出て」息の吐き出しと共に読んでみよう。

例8・3

子どもの
きつねは
遊びに
でかけました。

例8・4

まわたのように
やわらかい雪の上を
かけまわると、
雪のこが、
しぶきのように
飛び散って
小さいにじが
すっと映るのでした。

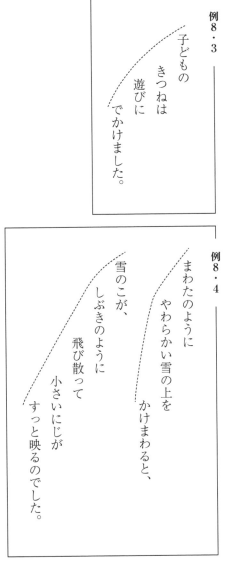

9 会話の音読の仕方

物語で会話の部分が出てくると、先生がよく口にする言葉。

「その人物になりきって読みましょう」「感情をこめて読みましょう」

子どもは、声色を変えて読んだりする。すると、仲間から「すごい！」という声が出たりする。私は違和感を感じる。「なりきり音読」のあとに残るのは、なりきろうとして作った声色であり、無理になりきろうとしたその子の努力である。物語の文章は、シナリオではない。

では、どう読んだらいいのか。私は、次の二点を指針としている。

1　地の文から浮きあがらないように、地の文とのバランスがとれているように読む。
2　地の文を語っている語り手（話者）に、その会話の言葉が聞こえてくるように読む。

地の文の読みのレベルを「1」とする。話しかける場での言葉であれば、「1・2～1・4」のレベルで読む。これを、2とか3で読むから、地の文から浮きあがってしまう。

会話でなく、独り言なら、逆に、「0・8～0・5」ぐらいか。これなら、地の文とのバランスがとれる。

なお、会話の前後は、原則として、「息つぎ間」を入れている。

例9

小鳥は工場の門の上にとまって、＜

「門さん、＜わたしのなかよしの木は、どうなったか知りませんか。」
・とききました。＜門は、＜
「木なら、工場の中でこまかくきりきざまれて、・マッチになって＜あっちの村へ売られていったよ。」
・といいました。＜
小鳥は村のほうへとんでいきました。＜
ランプのそばに女の子がいました。＜そこで小鳥は、＜
「もしもし、マッチをごぞんじありませんか。」
・とききました。＜すると女の子は、＜
「マッチはもえてしまいました。＜けれどマッチのともした火が、・まだこのランプにともっています。」
・といいました。

新美南吉『去年の木』より

この文章では、語り手（話者）は、小鳥の側にいる。小鳥が視点人物なのである。だから、門の姿が見えていて、その門が話すのが聞こえてくるわけだ。「女の子」の場合も同じである。門や女の子になりきろうとするのは困難である。そこに生じる映像も歪むおそれがある。

10 説明文の音読法

説明文の場合も、意味句読みを基本とする。

例10・1

ぼくは、鉄道が好きだ。＜その中でも、新幹線が好きだ。＜では、ぼくの好きな新幹線車両を二両あげる。＜一両目は、・主に東北地方で「はやぶさ」として使われているE―5系だ。＜緑に赤色のラインが入ったE―5系。＜それは、鉄道が好きでない人でもかっこいいと思うだろう。

この説明文の場合は、一文一義となっている。一文が、そのまま意味句になっている。意味句読みをしながら、「鉄道」、「新幹線」、「好きな新幹線車両」、「E―5系」、「かっこいい」と、いった各文のキーワードをはっきり提示していく。とちゅう、「ため間」を入れてもよい。

次のような、分かち書きが入った説明文は、要注意である。

「二、三日　たつと、その　花は　しぼんで、だんだん　くろっぽい　色に　かわって　いきます。」

『たんぽぽのちえ』（光村図書二年）より

「分かち書き」は、低学年の子が目で見て分かりやすいように付けたものだ。問題は、「たつと」のあとの読点である。この読点で間を空けると、二、三日で、花がしぼむ映像に加えて、二、三日でくろっぽい色に変わっていく映像がちらついてしまう。

筆者が述べているのは、二、三日たつと花がしぼむことと、しぼんだあと、何日かかけてくろっぽい色に変わっていくことであろう。ならば、次のように意味句読みする必要がある。

例10・2

二、三日　たつと、その　花は　しぼんで、＜
だんだん　くろっぽい　色に　かわって　いきます。

『たんぽぽのちえ』（光村図書二年）より

少し長い文（重文）に音読記号を付けて読んでみよう。

例10・3

かつては、＜子どもたちは、幼い頃から、自然の中で、仲間と外遊びをしながら、＜体験的
に学び、成長していた。

今のことでなく「かつては」の話である。この「時」は、大事な情報である。「かつては」だけで意味句とする。次に、「外遊びをしながら」までを意味句とし、間を空け、「学び、成長し」は、セット化する。注意しないと、音読することで、筆者の説明を誤解したりする。意味句の意識化は、むしろ論理的に記述された説明文の音読の際も必要である。

11 自然体で語るように音読する

文章の理解が進み、伝達力のある音読法を求めてきた。その結果、「意味句読み」にたどり着いた。「意味句読み」を成立させるための方法を考えてきた。ここまで述べてきたことを一言でまとめてみる。

文章音読の基本

① 一文の中にある意味句を見つけ、
② 意味句記号を付ける。息つぎ間（＜）にするか、「ため間」（・）かを選択する。
③ 文頭のため（・）を意識したあと、
④ 高いところから発声し、
⑤ 文節末でりきまないことを注意しながら、
⑥ 息の吐き出しと共に読み進め、
⑦「息つぎ間」に入る前に、息を全部ぬけるように読んでいき、
⑧ 文末でりきまないように声を落とす。

この①〜⑧をすることで、「意味句読み」が行われると、読み手は、呼吸が深くなり、リラックスした身体になる。あたかも語っているかのような音読になる。これだけの技を積み重ねて、やっと自然体の音読が生まれるというわけである。

このような音読は、聞き手に違和感を与えない。りきみ、のばし、誇張、作り声等、気になるもの

がなくなる。だから、意味、情報、映像がすっと入ってくることになる。

若い頃から、プロの朗読をたくさん聞いてきた。最も心惹かれたのは、俳優の江森徹、元ＮＨＫアナウンサーの杉澤陽太郎、松平定知、山根基世の四氏の朗読である。まるで語るかのような語り。鮮やかに浮かぶ映像。私は、その名人ぶりにただただ驚くだけだった。

その後、杉澤、高梨両氏の著作に出会い、自分の音読の改革を図る手がかりを得た。「学校読み」の改革にもつながると考えた。最近、名人の朗読を聞き直してみた。すると、彼らの音読の共通項こそ、「意味句読み」であることに気づいた。「意味句読み」を具体化するためにまとめた①～⑧の技と、名人の技とはかなり重なっているところがあると思う。

右に示した、文章音読の基本を活用し、次の文章をできるだけ自然体で音読してみよう。

例11

・ある日の事でございます。
＜御釈迦様《おしゃかさま》は極楽の蓮池《はすいけ》のふちを、・独りでぶらぶら御歩きになっていらっしゃいました。
＜池の中に咲いている蓮《はす》の花は、みんな玉のようにまっ白で、
＜そのまん中にある金色の蕊《すい》からは、・何とも云《い》えない好《よ》い匂《におい》が、絶間《たえま》なくあたりへ溢《あふ》れて居ります。
＜極楽は丁度朝なのでございましょう。

芥川龍之介『蜘蛛の糸』より

12 なめらかにすらすら音読する

「子ども達の音読、すごく速いですね。」

二年生の国語の授業を参観された先生方から言われる。そのときだけ、子ども達は、速く読もうとしていたのではない。ふだんからその速さで読んでいるのである。

市毛勝雄氏は言われる（『国語教育研究大辞典』明治図書）。「すらすら読めるということと読解力があることは、ほとんど同義であると言ってよい」。確かに、音読を聞けば、その子の言葉の力、読解力は分かる。とりわけ、速くすらすら読めることと、その子の読解力はほぼ比例する。語彙力とか言葉の理解だけの問題ではない。日本語の構文が音として身体化されているから、速く読めるのだろう。意味のかたまりが認識できるから、すらすら読めるのであろう。

そして、「すらすら読み」は、聞いている側にも心地よい。意味のかたまりが、あるスピードを伴って発声された方が、映像が喚起されやすいようなのである。

そこで、発想を逆転する。「すらすら読み」をさせることによって、日本語の構文を音として、身体化させることができるのではないか。

速いスピードですらすら意味句読みをする。

読みの速さで、思い出すのは、前述した松平定知氏だ。二十年近く前、『その時歴史が動いた』で氏の語りを聞いたときには驚いた。語りが速いのに言葉がしっかり届いてくるのだ。見事なまでの「意味句読み」である。多少長くても意味のかたまりを伝えようとする。だから、ときに疾風のような語りになる。文末は見事に声を落とす。次の意味句に入る前は、音が聞こえるほど息を吸いこむ。ＮＨＫオンデマンドで視聴できるが、「松平定知キャスターの独特な語り口」とある。「独特」にせず「基本」として、氏の語りの技法を共有すべきだと考える。

とても、松平氏のようにいかないが、すらすら意味句読みに挑戦してみたい。

例12

・四郎とかん子とは小さな雪沓《ゆきぐつ》をはいてキックキックキックキックキック、野原に出ました。
＜こんな面白《おもしろ》い日が、またとあるでしょうか。
＜いつもは歩けない黍《きび》の畑の中でも、・すすきで一杯《いっぱい》だった野原の上でも、・すきな方へどこ迄《まで》でも行けるのです。
＜平らなことはまるで一枚の板です。
＜そしてそれが沢山《たくさん》の小さな小さな鏡のようにキラキラキラキラ光るのです。

宮澤賢治『雪渡り』より

子ども達にすらすら音読させるためには、教師がすらすら読み、「追い読み」させる。これが一番である。教師は、「息つぎ間」と「ため間」を意識し、意味句読みをしていく。

13 読解授業の中で音読する

授業の中で話題になった言葉は、即、一斉音読させる。これは習慣になっている。

●話題にした言葉を音読する

『スーホの白い馬』（光村図書二年）の一の場面は、次の一文から始まる。

例13

むかし、モンゴルの草原に、スーホという、まずしいひつじかいの少年がいました。

一文を音読したあと、次のように指示する。

「『いました』に線を引いてください。簡単なことを聞きますよ」

「だれがいたのですか?」→スーホという少年

「そうですね。読みましょう」

（音読）スーホという少年がいました。

「いつ、いたのですか」→むかし

「そうですね。読みましょう」

（音読）むかし、スーホという少年がいました。

「少年は、どこにいたのですか」→モンゴルの草原

（音読）むかし、モンゴルの草原にスーホという少年がいました。

このように、述語をベースにして、時、場所、人物などの修飾句を一つずつ聞いていく。一つ明らかになる度に、一斉音読させる。「問い→挙手→答→一斉音読…」というリズミカルな展開を子ども達は喜ぶ。音読で構文も明らかになる。映像化も進むというわけだ。とくに低学年では欠かせない手法だ。

●対話読解の中で音読する

討論で盛り上がるときがある。

「26段落で変化したと思います。『こんな感情になったのは初めてだ』と書いてあるからです。」

「私は27段落で変化したと思います。『泣きそうになりながら思う』だったのが、27段落では、『もりの刃先を足の方にどけ、クエに向かってもう一度えがおを作った』とあります。ここで、太一は、クエをおとうにしようと決めたことが分かるからです。」

『海の命』（光村図書六年）のクライマックスの部分。討論が盛り上がっているところである。しかし、どんなに盛り上がっているように見えても、その討論の流れにのれない子が少数はいるものだ。

私は、意見が出たときに、「そこを音読してみましょう」と、話題になっている文を音読させる。右の討論の中では、次の箇所である。「こんな感情になったのは初めてだ。」「泣きそうになりながら思う。」「もりの刃先を足の方にどけ、クエに向かってもう一度えがおを作った。」多少集中できていなかった子も、音読には参加してくる。音読に参加させることで、討論の土俵にのせるのである。こういう一斉音読の使い方もある。もちろん、音読することで、意見の根拠をはっきりさせることにもなる。

14 構文理解のための音読法

一文を理解するための格好の練習方法がある。

まず、一文の冒頭の主語と述語（最後の文節）だけを読む。次に、述語につながる一つの修飾句を加えて読む。次に、もう一つ修飾句を加える。このように修飾句を追加して読んでいく。「付け足し音読」と名付けたい。『スーホの白い馬』の次の文を例にして考える。

「スーホは、あせまみれになった白馬の体をなでながら、兄弟に言うように話しかけました。」

例14・1

①スーホは、話しかけました。
②スーホは、兄弟に言うように話しかけました。
③スーホは、白馬の体をなでながら、兄弟に言うように話しかけました。
④スーホは、あせまみれになった白馬の体をなでながら、兄弟に言うように話しかけました。

まず、教師が、①「スーホは、話しかけました」と読み、追い読みさせる。次に、教師が、②「兄弟に言うように」を付け足して音読し、追い読みさせる。以下③、④も同じ方法で読んでいく。このように音読していくと、②の「兄弟に言うように」、③の「白馬の体をなでながら」といった「話しかけました」にかかっていく新たな連用修飾語の登場を新鮮に感じる。その瞬間、映像が浮かぶ。④で初めて、「あせまみれになった」という「白馬の体」の様子を説明する連体修飾語が登場している。ここも、音読することで、「あせまみれになった白馬」の映像が浮かぶ。

では、少し長い次のような重文の場合は、どのように読んだらいいのだろう。

「兵十がいなくなると、ごんは、ぴょいと草の中から飛び出して、びくのそばへかけつけました。」

例14・2

①　ごんは、かけつけました。
②　ごんは、びくのそばへかけつけました。
③　ごんは、草の中から飛び出して、びくのそばへかけつけました。
④　ごんは、ぴょいと草の中から飛び出して、びくのそばへかけつけました。
⑤　兵十がいなくなると、ごんは、ぴょいと草の中から飛び出して、びくのそばへかけつけました。

この文では、①「ごんは、かけつけました。」をベースにして、修飾句を付けていく。②「びくのそばへ」、③「草の中から飛び出して」、④「ぴょいと」、と新しく付け足した修飾句は、音読すると自然に強調される。最後に、⑤の「兵十がいなくなると」を付け足す。この重文の一文目が修飾句となって、「かけつけました」へとかかっていくことが分かる。

『スーホの白い馬』も『ごん狐』も、このように累加的に付け足して音読することで、この一文の構造を理屈抜きで、体得することができる。しかも、①②③…と進んでいくうちに、息の吸いこみが深くなる。この「付け足し音読」を子どもが好むのは、内容理解と共にリズミカルに心地よく音読できるからであろう。

15 宮澤賢治作品の音読法

宮澤賢治作品は、音読に力を注ぎたい。音読してはじめて、黙読では分からなかった世界が浮上する。では、『やまなし』（青空文庫版）の冒頭の一文をどう読むか。

例15・1

A 小さな谷川の底を写した二枚の青い幻灯です。

この文には、読点がない。息を吐き出しながら、一息で読んでいく。

その後、「一、五月」のあと、本文の一文目。

例15・2

B 二ひきのかにの子どもらが青白い水の底で話していました。

この文も、そのまま一息で読み下ろしていけばよい。

私は、読点は、黙読（目読）者に向けて付されたものであると述べた。音読を意識して打たれた読点は少ないとも述べてきた。ところが、賢治の場合、音読されることを意識して読点を打ったと思われる作品がある。教科書に掲載される作品では、この『やまなし』と『雪渡り』がそうである。右のAもBも、あえて、読点を打たなかったのだろう。

ところが、教科書（光村図書）では、Aでは、「写した」のあと、Bでは、「子どもらが」のあとに読点が付けられている。

『やまなし』の中から、もう一文紹介する。

例15・3

C　魚がこんどはそこら中の黄金《きん》の光をまるっきりくちゃくちゃにしておまけに自分は鉄いろに変に底びかりして、＜又《また》上流《かみ》の方へのぼりました。

意味句を考えると、「くちゃくちゃにして」の次に読点を付けたくなる。教科書は、読点を全部で三つ付けている。「魚が」「くちゃくちゃにして」「底びかりして」の次である。「又」をひらがなにし、「また上の方へ」としている。

賢治は、あえて読点を打たず、「くちゃくちゃにされた金の光」と、「魚の底びかりする鉄色」とを対比的に映像化し、そのあと上流へのぼる魚の像を描こうとしたのだろう。ここでは、賢治の付けた読点を尊重して、「又」の前だけ「息つぎ間」を空け、音読してみたい。

『やまなし』の最後は、次の文で終わる。賢治の原作には読点はない。

例15・4

D　私の幻燈はこれでおしまいであります。

教科書では、主語「幻灯は」の次に読点を付けている。ここに読点があると、間をとって余韻を残したくなる。賢治はそうしていない。賢治の意図を優先し、原作のようにひといきで音読したい。

16 新美南吉の自筆版を音読する

新美南吉が興味深いことを書いている。

私には紙の童話も口の童話も同じジャンルだと思われる。紙で読んで面白くない童話は口から聞かされても面白くない。口から聞かされてつまらない童話は紙で読んでもつまらなくないはずがない。このことは（中略）、大人の小説についてもいえると思う。（中略）例えば西鶴やトルストイや宇野浩二などのすぐれた小説を読んで見るとよろしい。そこにはあなた方は作家の手からでなく、作家の口から出て来る息吹きのこもった言葉をきくであろう。『童話における物語性の喪失』より

南吉は、「口の童話」を意識している。「口から聞かされて面白い」童話を目指しているようである。確かに、賢治同様、南吉の作品も、音読することで、面白さが引き立つものが多い。

ここで、ぜひ、紹介したいのは、南吉自筆の『権狐』である。この『権狐』が、鈴木三重吉主宰の雑誌『赤い鳥』に掲載される際に、大幅な添削がなされた。

その後、教科書や絵本に掲載される際、「赤い鳥版」がベースにされた。その結果、「つぐないしてもむくわれず撃たれてしまうという話」が世の中に流布した。南吉自作には、「つぐない」という言葉はない。主題が違う。本書でずっと紹介してきた『ごん狐』は、「青空文庫」所収のものである。これは、雑誌『赤い鳥』に掲載された版を元に作成されている。

ここでは、「口の童話」を意識した南吉の思いを尊重し、南吉の表現をそのまま紹介したい。四か

所について、教科書が採用した「赤い鳥版」と「南吉版」の両方を紹介する。『権狐』を執筆した際の、南吉自身の口から出てくる息吹きのこもった言葉に耳を傾けてみたい。波線部は、「赤い鳥版」で修正。傍線部は、カットされた箇所である。

例16・1（1の場面）

〔赤い鳥版〕

ごんは、ほっとして、うなぎの頭をかみくだき、やっとはずして穴のそとの、草の葉の上にのせておきました。

〔南吉版〕

権狐は、ほっとしてうなぎを首から離して、洞の入口の、いささぎの葉の上にのせて置いて洞の中にはいりました。うなぎのつるつるした腹は、秋のぬくたい日光にさらされて、白く光っていました。

例16・2（2の場面）

〔赤い鳥版〕

「…ああ、うなぎが食べたい、うなぎが食べたいとおもいながら、死んだんだろう。ちょッ、あんないたずらをしなけりゃよかった。」

〔南吉版〕

「…うなぎがたべたい、うなぎがたべたいと言いながら、死んじゃったに違いない。あんないたずらをしなけりゃよかったなー。」
こおろぎが、ころろ、ころろと、洞穴の入口でときどき鳴きました。

削除された傍線部の情景描写の中に、ごんぎつねの哀しみが表現されていると考える。

例16・3（3の場面）

〔赤い鳥版〕
つぎの日も、そのつぎの日もごんは、栗をひろっては、兵十の家へもって来てやりました。そのつぎの日には、栗ばかりでなく、まつたけも二、三ぼんもっていきました。

〔南吉版〕
次の日も次の日もずっと権狐は栗の実を拾って来ては、兵十が知らんでるひまに、兵十の家に置いて来ました。栗ばかりではなく、きのこや、薪を持って行ってやる事もありました。そして権狐は、もういたずらをしなくなりました。

3の場面の最後には、何と「いたずらをしなくなりました。」とある。これは重大な削除である。

例16・4（5の場面）

〔赤い鳥版〕
兵十はかけよって来ました。家の中を見ると、土間に栗が、かためておいてあるのが目につきました。
「ごん、お前（まい）だったのか。いつも栗をくれたのは」

ごんは、ぐったりと目をつぶったまま、うなずきました。

〔南吉版〕

「おや――――――。」

兵十は権狐に目を落としました。

「権、お前だったのか…。いつも栗をくれたのはーー。」

権狐は、ぐったりなったたまゝうれしくなりました。

最後の場面、かけよってきた兵十が「家の中を見る」という表現は「南吉版」にはない。その後、「南吉版」では、「おや――――――。」とある。何と七マス分のダッシュである。この中に、兵十の疑問、気づき、驚き、後悔等が表現されている。

何と、「うれしくなりました」と、ごんの心情が描かれている。「赤い鳥版」では、「ぐったりと目をつぶったまま、うなずきました。」に修正された。「赤い鳥版」では、前の場面の「引き合わないなあ」が描かれたごんの最後の心情である。撃たれたのだから、さらに「引き合わない」状況で終わる。

「ストーリーには、哀しみがなければならない。哀しみは愛に変わる…」

十五歳の南吉の日記にある言葉である。その三年後に書かれた『権狐』は、「哀しみは愛に変わる瞬間」を描いた作品である。音読することで、南吉の本当の声が浮上してくる。

17 音読力からコミュニケーション力へ

北京大学付属小学校を訪問したとき、一日に何度も音読の時間があるのに驚いた。高学年の子どももガンガン暗唱している。そこで、先生に質問をしてみた。「中国では、このあと中学や高校でも音読、暗唱をするのですか。」と。日本では、中学、高校で国語の時間に音読する姿はほとんど見られない。中国の先生は、「もちろんそうだ。」と言われる。

そこで、「なぜ、音読や暗唱をするのですか。」と聞いてみた。即座に「コミュニケーションに必要だからです。」と言われた。詩文の音読や暗唱がそのまま、話し言葉に生かせるらしいのだ。中国の方が言文一致が進んでいるのかと思った。

日本語は、話したことをそのまま活字にしても、読み物にならない。相当手を入れて、やっと理解できる文章になる。逆に、書かれた言葉をそのまま音声化しても、語りにならない。日本では、音読でコミュニケーション力が身につくという発想はほとんどない。

語りがとても上手い先生によく出会う。滑らかに言葉が次々と出てくる。そんな語りを聞いていると、うらやましいと思う。ところが、不思議なことに、その同じ先生が、音読になると調子が悪くなったりする。不自然な語りとなったりする。「読点一拍、句点二拍休み」を窮屈そうにやられる先生もある。「語尾・文末りきみ」が登場したりする。「何ともったいない…」「あの語りのように読めばいいのに…」と思う。

日本では、文章音読の基本についての共通理解が得られていないことを痛感してしまう。確固たる基本がないから、そこに、「教室音読の作法」が安易に侵入してしまっているのだろう。

語りの上手い先生にこそ、「意味句読み」をおすすめする。息を吸い、呼気にのせて、言葉を発声していくという、語りのイントネーションをそのまま活用していけばよい。

まれに、語りよりも、音読の方が自然体で発声できるという先生もいるだろう。その先生方にも、「意味句読み」をおすすめする。とくに、「高くから出て、呼気と共に言葉を発していく」という語りのイントネーションの意識化と身体化が必要である。音読だけでなく、語りの技も身につけるために。

子ども達の「話す力・聞く力」を育てる試みが行われている。話すという行為は、映像を喚起させながら、一つの意味のかたまりを言葉で伝えていく試みである。ためを入れ、息の吐き出しと共に、言葉を発していくという「語りのイントネーション」こそ、子ども達に身につけさせたい。その語りの原則は、やはり、「一映像で一つの間」なのである。

語りの際、「語尾・文末でりきんだり、のばしたり、はね上げたりする」癖の人がいる。テレビに頻繁に登場する人の中にもいる。悪い音読や語りのモデルは、垂れ流し状態である。

子ども達に、「意味句読み」を徹底させていきたい。その上で、話し方も、「意味句語り」に転化させていく。「意味句語り」を話し方の基本としたい。文章の「意味句読み」は、「意味句語り」のための土台になる。音読力の育成が、コミュニケーション力の育成にもつながっていく。

Ⅱ章

文章の音読練習法

教室という場で子どもが集団で学習するという、少し特殊な場だからこそ、さまざまな形の音読をすることができる。

その中で、文句なく効果のある音読法は、「追い読み」である。「追い読み」というのは、教師の音読に続いて、そのまま、教師の音読のように読む方法である。「まね読み」と言った方がいいかもしれない。Ⅰ章で述べた「意味句読み」を追い読みさせる。そのための具体的な方法を紹介する。

追い読み以外の、音読法もいくつか紹介する。大事なことは、「〇〇読み」という言語活動自体が目的ではないということだ。「〇〇読み」をすることで、音読力、読解力、表現力、そして音読する意欲が生まれるかどうかだ。その観点をふまえ、とくにおすすめの音読練習法を紹介する。楽しさと心地よい緊張が生まれ、文や文章の理解が進み、豊かな例を育む、実践的な方法である。

1 音読力が劇的に向上する「追い読み」の方法

(1)「追い読み」の指導法

子ども達の音読力は、教師の音読力に比例すると言っていい。

子ども達は、教師の音読をモデルとして音読を身につける。だからこそ、教師が、理に適った文章音読法を身につける必要がある。教師が身につけた音読法を最も効率よく手渡す方法は、音読をそのまままねさせることである。いわゆる「追い読み」と言われている方法である。実際には、「まね読み」である。教師が、まねされるに値する音読を用意し、自信を持ってまねさせたとき、子ども達の音読は激変する。

本章では、「追い読み」(まね読み)の他にも、多様な音読法を紹介する。が、時間がなければ、この「追い読み」(まね読み)だけでもいい。この方法は、究極の音読指導法であると言っていい。かつて、素読によって詩文を体得する方法があった。素読では、当然、先生が模範を示し、そのまま師弟は音読する。まさに、「追い読み」(まね読み)の手法である。

「先生が読むように、読んでください。」

これが、「追い読み」をさせるときの、基本的な指示である。

一文がそのまま、一意味句になっている文では、次のようになる。

例17・1

① 教師　スーホは、おとなにまけないくらい、よくはたらきました。

②　教師＋子ども全員　スーホは、おとなにまけないくらい、よくはたらきました。

初めのうちは、次のようにていねいに話す。

「先生が読むように、一文をすらすらと音読します。」

「先生が一度読みます。そのあと、はいっと言いますので、先生と同じように読んでください。」

と言って、教師は一回目の音読。子どもは、この教師の音読を聞く。

「はいっ」の合図で、子どもの音読が開始。


教師は、もう一度、一回目と同じように音読する。


これが、ポイント。子ども達は、教師の声に重ねるようにして音読する。読みのスピード、イントネーション、間の空け方など、丸ごと、まねていく形となる。

慣れないうちは、教師の読みより遅れがちになる。

「遅れた人がいます。もう一度しましょう。」

と言って、教師の音読を聞かせ、再度音読させることになる。

読む前にためを入れる方法も教える。

「はい息を吸って、止めて。」

と言ったあと、読ませることもする。

「一文を読みながら、息を吐いていきましょう」

と、一文の音読で息を全部出してしまう練習もする。

少し長い一文を一息で読ませたいときは、事前に「次の文は、少し長いです。」と言う。これだけで、子ども達は読む構えを作る。

問題は、次のような一文に二つ以上の意味句がある文である。

例17・2

（意味句A）

みんながそばにかけよってみると、

（意味句B）

＜それは、生まれたばかりの、小さな白い馬でした。


意味句読みに慣れていない場合は、次のようにていねいに指導する。

「この文は、二つに分けて読むと気持ちよく読めます。」

と事前に説明した後、次のように進める。

① 意味句Aだけ追い読みをする
② 意味句Bだけ追い読みをする
③ 意味句A＋＜（間）＋意味句Bの追い読み〔一文の追い読み〕

下記のような、イメージ図を板書して説明することもある。

「息を吸って、『みんながそばにかけよってみると、』と息を出しながら読んでいきます。」

「『みると』のあとで、息を吸います。」

「『それは、生まれたばかりの、小さな白い馬でした。』と、これも息を出しながら、読んでいきます。」

『大造じいさんとガン』（椋鳩十）には、長い文がある。次の文は、二つの意味句があるとみなし、「追い読み」をさせていく。

例17・3

残雪は、このぬま地に集まるガンの頭領らしい、なか
なかりこうなやつで、
＜仲間がえをあさっている間も、油断なく気を配っていて、
・りょうじゅうのとどく所まで、決して人間を寄せつけ
ませんでした。

『大造じいさんとガン』（光村図書五年）

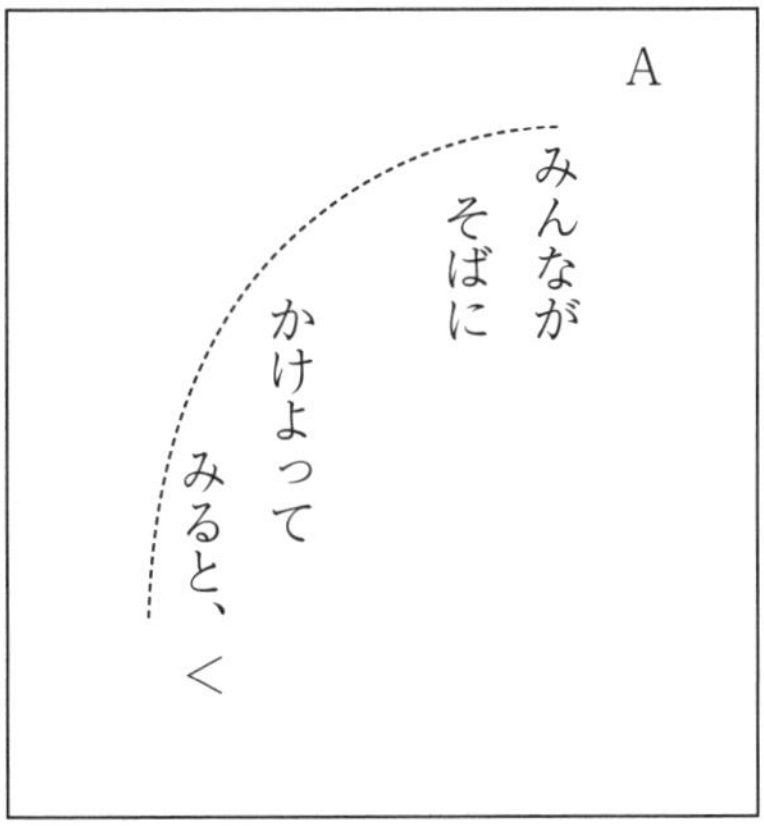
A
みんなが
そばに
かけよって
みると、＜

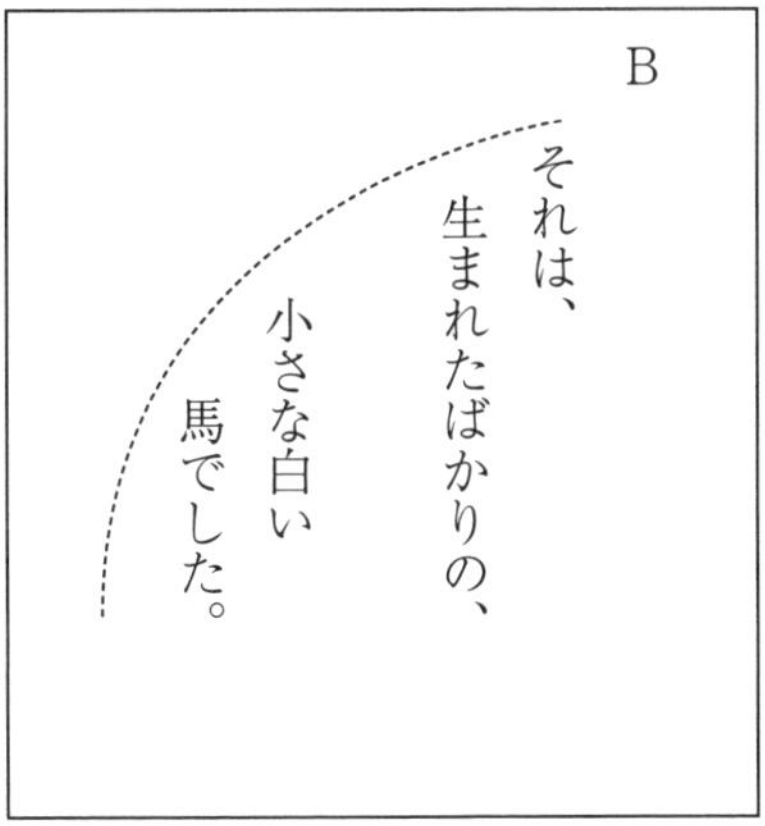
B
それは、
生まれたばかりの、
小さな白い
馬でした。

(2) 一人一文追い読み

個の音読力を高めるために、個に対して「追い読み」を活用することもよくする。

たとえば、「ごんは、おねんぶつがすむまで、井戸のそばにしゃがんでいました。」と教師が読む。一人目の子が、この文を教師が読んだように読む。子どもが読むときは、教師は、黙って聞く。これが、一斉による追い読みとは違うところ。

一文目が終了したら、すぐに、二人目の子に向けて、「兵十と加助はまたいっしょにかえっていきます。」と範読。教師の音読は、もちろん意味句読みである。

例18

教師(範読)「ごんは、おねんぶつがすむまで、井戸のそばにしゃがんでいました。」
↓
子ども1「ごんは、おねんぶつがすむまで、井戸のそばにしゃがんでいました。」

教師(範読)「兵十と加助はまたいっしょにかえっていきます。」
↓
子ども2「兵十と加助はまたいっしょにかえっていきます。」

※以下、一人一文ずつ、教師の追い読み

教師の範読がよくないときがある。「よくないので、もう一回やります。」と言って範読をし直す。

(3) 一人一文一列追い読み

教室の縦の一つの列に五人座っているとする。たとえば、教師が「ごんは、おねんぶつがすむまで、井戸のそばにしゃがんでいました。」と範読する。その列に座っている五名が、一人ずつ、同じ文を読んでいく。低学年の場合は、一人が読む前に、教師がそれぞれ範読することもある。

例19

教師（範読）「ごんは、おねんぶつがすむまで、井戸のそばにしゃがんでいました。」
↓
子ども1「ごんは、おねんぶつがすむまで、井戸のそばにしゃがんでいました。」
↓
子ども2「ごんは、おねんぶつがすむまで、井戸のそばにしゃがんでいました。」
↓
※以下、一列全員が同じ文を読む

五名の音読が終了した時点で、「この列でだれがよかったでしょう」と聞く。子ども達は、一番よかった子を指さす。それも参考にしながら、「はい。○○さんが列のチャンピオン」と教師がコメントし次の列の音読へ進む。

2 「一斉音読」のバリエーション

何の説明・指示もなく、一斉に音読させることはまずない。少しの工夫で、多様な音読空間が生まれる。

(1) 一斉音読＋教師範読

「全員で音読します。先生も音読します。先生の声を聞きながら、音読してください。」

一斉音読の際、教師も一緒になって音読するというだけのことであるが、右の指示のように、先生の声を聞くように指示すると、ちょっと不思議な世界が生まれる。

教師が読み始めると、子ども達は、先生の声を聞こうとして、少し声を落とす。教師は、事前に練習しておいた「意味句読み」を行う。すると、読む速さ、意味句や一文での間など、子ども達の読みとずれてくる。子ども達は、ずれに気づき、調整する。しばらくすると、またずれる。また調整。この繰り返しである。

先生の音読とのずれを修正する試みに、子どもの新たな読解が生じる。

教師は、教室の中を歩きながら読んでいく。

「先生の声が聞こえるくらいの声で読んでください。」と事前に話しておいてもよい。

（2）一斉音読十子ども範読

そのうちに上達する子が出てくる。その子を指名し、教師の替わりに、範読者にする。たとえば、Aさんを範読者にする。

「先生の替わりに、Aさんに範読をしてもらいます。Aさんの声が聴こえるくらいの声で読んでください。」

と説明、指示しておくとよい。Aさんは、最高の読みをしようとがんばる。

範読者を、グループで一人ずつ決め、範読箇所は、一人一段落ずつというように決めて音読させるのも面白い。

学年末には、全員がこの師範の役ができるようにさせたい。

（3）教室二分対抗読み

男子対女子でもよい。北グループ対南グループでもよい。教室を二分して、そのグループ単位で音読させる。

同じ箇所を読ませてよい。段落ごとに交替でもよい。教師との追い読みでもよい。

二つのグループの音読が終わったら、即、

「只今の勝負、〇〇グループ」

と評価するのがポイント。音読への意欲を引き出す。

個々の音読が上達してくれれば、グループ対抗の音読競争も面白い。

3 「リレー音読」のバリエーション

多様な形のリレー読みをしてきた。その中から七点紹介する。

（1）教師と子ども全員とのリレー音読

教師が一文読む。次の文を子ども全員が読む。教師と子どもとの交互音読と言ってもいい。

「先生が読むように読みましょう。」

とひとこと言ってもいい。たとえば、次のようになる。

例20

・先生　兵十と加助は、またいっしょにかえっていきます。
・子ども全　ごんは、二人の話をきこうと思って、ついていきました。
・先生　兵十のかげぼうしをふみふみ行きました。

子ども達が、「ついていきました。」と言い終わるのを待ち構えるように、教師は、次の文、「兵十の」と読み始める。教師は、しっかり呼吸をし、すらすらとリズミカルに意味句読みをしていく。

追い読みは、直前に読まれた教師の範読をそのまままねしていけばよい。ここでは、教師の範読の次の文を、範読のような調子で読まねばならない。だから、教師の範読を聞くときに、とくに、教師の読みのスピードや、リズムまで聞き取らねばならない。少し緊張感が漂う。それがいい。

「おっ、上手い。」等と、間髪を入れずに声をかけていく。

（2）教師と子ども一人とのリレー音読

リレー音読を、教師対子ども一人で行う。

「教師→子ども①→教師→子ども②→教師…」

と一人一文ずつ読んでいく。ときに、

「おっ、まるで、一人で音読しているみたいです。」

等と、評価していく。

（3）一人一文読み

意味、情報、映像がはっきりする音読をさせたい。そのためには、一人一文の音読。これが、基本である。一人一文読んだら、次の子に交替していく。いわゆる「まる読み」である。すでに、述べたように、読点は間を空けるための記号ではない。その記号を使った「点読み」をすることはしない。

（4）めざせ合格読み

教師が、「はい」というところまで読む。評価は、五点満点で。三点以上が合格。すらすら読めるようになったら三点。意味句読みができるようになったら四点。当面は、三点を目指させる。全員の音読が終了したら、三点以上の子を発表する。

「おしい。もう一息です。」と言ってから、「二・八点」の子も紹介する。

二学期には、「三・五点」、三学期には、あこがれの「四点合格者」も登場。「先生も、何度も練習して四点です。練習しないと、先生も三点台に落ちます…。」こんな話もする。

(5) 今日のベスト音読&前進音読

子ども達に、音読の評価をさせることもする。リレー音読の前、次のように事前に予告しておく。

「音読が終わったあと、グループで話し合ってもらいます。すばらしかった人を二人、前に比べ良くなった人を二人決め、発表してもらいます。自分達のグループ以外の人から、選んでもらいます。」

全員の音読終了後、グループで話し合う。八つのグループがあるとすると、「良かった子」と「前進した子」が、最大延べ十六人発表されることになる。

発表された子の名前を板書していく。はらはらどきどき。選挙の開票のような形となる。妥当な結果になることが多く、

「今日のベスト音読者」

「今日のベスト前進音」

が、選出されることになる。

すばらしかったり、明らかに前進しているのに、名前が出ないこともある。そんな子達を教師が紹介する。このように、「先生による推薦者」も板書する。

(6) タッチリレー読み

全員が一列の輪になる。まず、一人が音読する。音読する量は一文~三文と決めておく。どれだけ

読むかは、その場で自分で考える。読み終わったら、となりの子の腕や肩を軽くタッチする。タッチされた子は、次の文を読んでいく。

前の子がどこまで読むか、懸命に読みを聞きながら、文字を追うことになる。まだ当分、順番が回って来ない子たちも、だれが何文読むか。タッチは上手くいくか等に注目する。読み終わったら、座ったり、合図したりする方法もあるが、ぜひ、タッチリレーを試していただきたい。「スキンシップ音読」から生まれる心地よい緊張感を確認していただきたい。なお、教師も輪の中に入ってもよい。

(7) 一行交替読み

点読み（読点で交替）はしない。意味句読みを大事にしたいからである。

「一行読み」をたまにすることはある。一人、一行だけ読むのである。

例21

①母さんぎつねがびっくりして、あわてふためきながら、目を
②おさえている子どもの手をおそるおそるとりのけて見ました
③が、何もささってはいませんでした。母さん狐はほら穴の入
④口から外へ出て始めてわけが解《わか》りました。

青空文庫版『手袋を買いに』より

上の文だと、一人目は「目を」まで読む。二人目は、「おさえている」から出る。三人目が大変。「が、何も」から読む。前の子の読みに全力を傾けて聞かねばならない。これも一列の輪になってやると面白い。

Ⅲ章

伝統的言語（文語体）詩文の音読法と厳選教材

平成二十九年公布の小学校学習指導要領においても、伝統的言語文化の指導が重視されている。

低学年では、「読み聞かせを聞くなどして、我が国の伝統的な言語文化に親しむ」。中学年では、「短歌や俳句を音読したり暗唱したりするなどして、言葉の響きやリズムに親しむ」。高学年では、「音読を通して文語調の言葉の響きやリズムに親しむ」と記されている。高学年では、「古典について解説した文章を読んだり（中略）昔の人のものの見方や感じ方を知ること」というねらいも示された。

低学年では、文語体だけでなく、暗唱という活動は想定されていない。

不思議である。最も、暗唱できるのは、一、二年である。口語体の詩文はもちろん、文語体も暗唱してしまう。この時期に暗唱したものは、一生ものとして、身体化されるようなのである。

文語体で書かれ、歴史を経て生き残っている詩文は、完成度が高い。ただ、ひたすら音読する。リズムとか、間とか、そんなに意識する必要はない。ただひたすら読む。それだけで、リズムが生まれる。日本語の豊かな響きが生まれる。音読することによって、はらもためも生まれる。音読することによって、日本語を音読する声と身体を鍛えることになる。

文語体の名文の音読は、実は、現代日本語を発声する際の土台となる。

だから、私は、あえて低学年から、文語体の詩文を音読させ、暗唱させてきた。本書で紹介する詩文は、すべて教室で実践したものばかりである。

1 伝統的言語文化の粋《すい》短歌の音読―名歌十選―

「伝統的言語文化」の授業の教材として、三、四年の教科書に、短歌が紹介されている。短歌の音読と言えば、語頭や語尾を低くしたり、語尾をのばしたりする、百人一首の読みを思い浮かべる。教室で、そんな読みをする必要はない。

この短歌も、呼気の吐き出しと共に、語るように二拍子で読むことをおすすめしたい。意味、映像を意識しつつも、二拍子のリズム読みを優先したい。

なお、教科書には、作者は記されているが、どの時代の人かは、一切明記されていない。『万葉集』の中には、四世紀に実在した人の歌まである。ひらがなが作られる何百年も前、漢字が伝来して間もない頃に、五七五七七の形式で歌が詠まれているとは驚きである。

その形式で、いまだにも短歌は詠まれている。新聞等の短歌の投稿欄には、文語風の表現を使った歌も投稿されている。この事実こそ、子どもに伝えたい。

短歌は、日本の歴史の学習をする六年生で、今も生きる伝統的言語文化の粋として、再度指導したい。

膨大な短歌の中から、時代順に十首紹介する。

1　君が行き日長くなりぬ山たづね迎へか行かむ《ん》待ちにか待たむ《ん》

磐姫皇后《いわのひめのおおきさき》（?～三四七）

「あの人が旅に出て、もう何日もたちました。山道をさがしながら、迎えに行こうかしら。それとも、ただひたすら待っていようかしら。」

『万葉集』の中にある最古の歌。作者、磐姫皇后は、何と仁徳《にんとく》天皇の皇后である。三四七年に没したとされている。四世紀のことである（仁徳天皇が在位したのは五世紀初めとされる）。口語訳にすると、今の時代でもありそうな光景が浮かぶ。とても、一七〇〇年前とは思われない。「君」とは、仁徳天皇のこと。

この短歌の読み方を考える。

①　きみがいき・・・（五音＋三拍休み）
②　ひながくなりぬ・（七音＋一拍休み）
③　やまたづね・・・（五音＋三拍休み）
④　むかへかいかむ・（七音＋一拍休み）
⑤　まちにかまたむ・（七音＋一拍休み）

典型的な五七五七七である。が実は、私たちは、八つの拍を刻んで読んでいる。五音のあとは三拍、七音のあとは一拍。右の図では、休符を「・」で記した。七五調が歌になるのは、この休みがあるからである。「ため」が入り、リズムが生まれるである。

2　夕されば小倉の山に鳴く鹿は今夜は鳴かず寐《い》ねにけらしも　舒明《じょめい》天皇（五九三?～六四一）

「夕方になると、いつも小倉山で鳴く鹿が、今夜は鳴かないぞ。もう寝てしまったらしいなあ。」

これも、『万葉集』の中に所収。現代語にすると、大変分かりやすい歌。

短歌の授業で、「なかまはずれさがし」をよくする。一度に、七、八首を紹介して音読したあと、「この歌だけ、他の歌と違うところを探してください。」と指示する。この七首の中に、この歌を入れておく。すると、この歌だけが、声のことが書かれていることを見つける子が出てくる。

鹿の声は聞こえていないのであるが、逆に、その声を話者がイメージし、この短歌を読む我々にも、その音が聞こえてくるというしかけである。

3　石走《いわ》る垂水《たるみ》の上のさわらびの萌《も》え出づる春になりにけるかも　志貴皇子《しきのみこ》（?～七一六）

「岩の上を水がはげしく流れていく滝の近くで、わらびが芽を出す春になったのだなあ。」

音読するのがうれしくなる歌である。「ＩＷＡＢＡＳＩＲＵ」「ＴＡＲＵＭＩ」「ＳＡＷＡＲＡＢＩ」。それぞれの言葉の前半に母音の「Ａ」があり、後半の「Ｉ」で収束する。音読すると心地よい言葉が、三つの「の」で連結されることで見事なリズムが生まれる。

この歌の読み方を考える。

①　いわばしる・・・（五音＋三拍休み）
②　たるみのうえの・（七音＋一拍休み）
③　さわらびの・・・（五音＋三拍休み）
④　もえいづるはるに（八音）
⑤　なりにけるかも・（七音＋一拍休み）

④は、いわゆる字余りであるが、そのままぴったり八拍に収まる。だから、そのまま、休まずに⑤へとつなげる。間を空けず、次のように読めばよい。

「もえいづるはるになりにけるかも」

4　銀《しろがね》も金《くがね》も玉も何せむ《ん》に勝《まさ》れる宝子に及《し》かめやも　山上憶良《やまのうえのおくら》（六六〇～七三三）

山上憶良の歌は、『万葉集』に七八首も所収されている。その大半が、庶民の暮らしや、家族のこと等で、自然を歌ったものがほとんどない。この歌では、子どもがいかに大切なものか、金や銀や玉と対比することによって表現している。一三〇〇年前の奈良時代でも、親は、こんな思いを持つのだなあと思う子もいるだろう。実は、この歌は、次に紹介する長歌の反歌として作成された。

瓜《うり》食《は》めば子供思ほゆ栗食めばまして思《しの》は《ば》ゆ何処《いずく》より来《きた》りしものぞ眼交《まなか》ひ《い》にもとな懸《かか》りて安眠《やすい》し寝《な》さぬ
山上憶良

「旅先で瓜を出されて食べていると、子どもの顔を思い出します。栗を出されて食べると、いっそう子どもの顔が思い出されます。子どもとはどこからやってきたのでしょう。その顔が目に浮かんできて、なかなか眠れません。」

長歌を要約するような形で、「銀も金も…」が作られたのである。

5 天の原振りさけ見れば春日なる三笠の山に出でし月かも　阿倍仲麻呂《あべのなかまろ》（六九八〜七七〇）

「大空をはるかにふり仰いで見ると、東の空に月が出ている。あれは春日の三笠の山に出ていた、あの月だなあ。」

百人一首にもあるおなじみの歌。阿倍仲麻呂は、七一七年、十九歳のとき、遣唐使で中国に渡った。仲麻呂は、非常に優秀な人だったという。玄宗皇帝に仕え、高官を務めた。この歌は、五五歳のときに、日本に帰る際に作られたとされている。つまり、この歌は、中国で作られたものなのだ。仲麻呂の乗った船は遭難し、その報が唐にも入った。これを聞いた李白は、次の詩を作る。

晁卿衡《ちょうけいこう》を哭《こく》す
晁卿衡《ちょうけいこう》を哭《こく》す
日本の晁卿《ちょうけい》　帝都を辞す
征帆《せいはん》　一片　蓬壷《ほうこ》を繞《めぐ》る
明月帰らず　碧海《へきかい》に沈む
白雲愁色《しゅうしょく》　蒼梧《そうご》に満つ

李白

「日本の友人、晁衡（仲麻呂）は帝都長安を出発した。小さな舟に乗り込み、日本へ向かったのだ。しかし、明月のように高潔なあの晁衡は、青々とした海の底に沈んでしまった。愁いをたたえた白い雲が、蒼梧山に立ち込めている。」

あの大詩人李白と、仲麻呂は同時代の人であった。しかも、親交があったのである。短歌の学習から、歴史までが蘇る面白さ。幸い、仲麻呂は、ベトナムに流れ着き、唐にもどる。結局、日本へ帰ることは叶わず、七三歳で没した。

6　東風《こち》吹かば匂《にほ》ひおこせよ梅の花主《あるじ》なしとて春を忘るな　菅原道真《すがわらみちざね》（八四五～九〇三年）

「春になって東風が吹いたなら、その風にのせて、私のところまで香りを送ってほしい。梅の花よ、主人のこの私がいなくても、春を忘れないで咲いてくれ。」

貴族であり、朝廷の重職をしていた菅原道真の歌。道真の死後一〇〇年後にまとめられた『拾遺和歌集』では、「流され侍りける時、家の梅の花を見侍て」とある。朝廷での抗争に破れ太宰府に左遷されることになった。その際に京都の地で歌われたということである。さらにその一〇〇年後にまとめられた『宝物集』には「古郷の梅をよみ給ひける」とある。いずれにしても、擬人化した梅の花に語りかける形が新鮮である。人事の無常と変わらぬ自然を見事に表現した歌と言われる。

7　たのしみは妻子《めこ》むつまじくうちつどひ頭《かしら》ならべて物をくふ《う》時　橘曙覧《たちばなあけみ》（一八一二〜一八六八）

「私が楽しみとしているのは、妻も子どもも、みな仲よく集まり、頭を並べて、食事をするときだ。」

橘曙覧は幕末の人。福井の生まれ。「独楽吟」としてまとめられた橘曙覧の五十二首は、すべて、「たのしみは」から始まっている。清貧生活の中で、家族のこと、食事のこと、自然のこと、学問のことなど、身近なことを話題にし、「たのしみ」を見いだしている。その内容も、考えさせられるが、それを見事に歌という形にしているのがすばらしい。あと三首、紹介する。

たのしみは　まれに魚烹《に》て　児等《こら》皆が　うましうましと　いひて食《く》ふ時
たのしみは　朝おきいでて　昨日《きのふ》まで　無《な》かりし花の　咲ける見る時
たのしみは　珍《めづら》しき書《ふみ》　人にかり　始め一《ひと》ひら　ひろげたる時

8　くれないの二尺《しゃく》伸びたる薔薇《ばら》の芽の針やわらかに春雨《はるさめ》の降る　正岡子規（一八六七〜一九〇二）

「真っ赤な色をしたバラの芽が二尺（約六十センチ）ほどのびている。新芽でまだやわらかいとげを、春雨が静かにぬらしている。」

話者の目は、のびているばらの枝を見ている。その二尺先の芽には紅の芽が見えている。バラの針はまだやわらかく緑色。赤と緑の対比。針とやわらかの対比が見事。バラの芽と背景の春雨の遠近法も見事。知覚したものを対比的に描きながら、心ときめく話者の心情までが浮上する。

9　金色《こんじき》の小さき鳥のかたちして銀杏《いちょう》散るなり夕日の岡に　与謝野晶子《よさのあきこ》（一八七八〜一九四二）

「夕日がさす丘の銀杏《いちょう》の葉が散っていく。その葉は、夕日に照り映えて、金色の小さい鳥がいっせいに舞い降りるようだ。」

夕日に照らされて金色の輝く銀杏の葉。銀杏の葉を鳥に見立てる比喩。銀杏の金色と夕日の赤色との対比。小さい銀杏の葉とそれを受け止める丘との対比。一瞬を鮮やかに切り取り浮かぶ映像。

10　幾山河《いくやまかわ》越えさり行かば寂《さび》しさのはてなむ国ぞ今日も旅ゆく　若山牧水（一八八五〜一九二八）

「幾つもの山を越え、幾つもの河を抜けて行ったなら、いつか寂しさが尽きてしまう国があるのに違いない。その寂しさのない国を求めて私は今日も旅を続ける。」
再度、音読法を確認しておきたい。

①　いくやまかわ・・
②　こえさりゆかば・
③　さびしさの・・・
④　はてなむくにぞ・
⑤　きょうもたびゆく・

ふつうに読んでいくと、①②③の上句と④⑤の下句とに分けて読んでしまう。が、この歌の場合、意味のかたまりを考えると、次の二つに分けた方がよい。

幾山河《いくやまかわ》越えさり行かば（①②）
寂《さび》しさのはてなむ国ぞ今日も旅ゆく（③④⑤）

そこで、「さびしさの」の前に、「ため間」を作る。「・さびしさの・・・はてなむくにぞ・」と読んでみる。短歌としてのリズムも整えながら、意味も浮上させる。このように、短歌によっては、リズム読みと意味句読みを融合させて読んでいく。短歌の音読がますます楽しくなる。

2 俳句は拍にのせて語るように―名句二十選―

俳句も短歌同様、中学年で指導することになっている。音読し「情景を思い浮かべたり、リズムを感じ取りながら音読や暗唱をしたりすること」とある。このねらいを達成するための俳句の音読法を紹介する。

1 わかあゆの二手になりてのぼりけり　正岡子規（一八六七～一九〇二）

典型的な五七五の俳句である。

五七五の俳句は、実は、八八八の八音（休符を含む）からなる。右の俳句を簡単に図式化してみる。

一拍　二拍

①②③④⑤⑥⑦⑧

わかあゆの・・・

・ふたてになりて・

・のぼりけり・・・

「わかあゆの」と五音発して、残りの三音分は休み（- - -）。この休みで「ため」の準備をする。「ふたて」の前に「ため」（・）を入れて、「ふたてになりて」と七音読む。一音分休み、同様に「ため」を入れて、「のぼりけり」と五音発声。残りの三音分の休みで余韻が生まれる。

これを、二拍子、「一、二、一、二、一、二」の拍にのせて語りかけるように読んでいく。リズムと共に映像が浮上する。これを四拍子で読むと、「わ - か - あ - ゆ」と四音になり、バラバラ感が生じる。

俳句は二拍子の拍にのせて、語るように音読する。

さてこの俳句。「わかあゆ」（夏の季語）「二手になる」「のぼる」の三語である。それを「の」「て」の助詞でつなぎ、最後は、「けり」の切れ字。これだけなのに、拍にのせて読むと、溌剌とした鮎の姿、見ている話者の心のときめきまでが鮮やかに浮上する。日本語の言葉の働きの力に驚いてしまう。

俳人が作った俳句だけでも、何十万、何百万と作られているだろう。私の知っている俳句の中から、鮮やかに映像が浮かび、話者の心情までが浮上するような忘れられない俳句を紹介する。季語、切れ字に加え、意味も示した。ひとこと解説を加えた。

なお、「切れ字」は、「切れ」を作ることで、音調を整え、リズムを生み出す力を持っている。代表的な切れ字は次の三点。「けり」は過去のことについての断定の表現で感動、詠嘆を表す。「かな」は、主に現に起きていることについての感動や詠嘆を表す。「や」は呼びかけの形をとり、言葉を強調し、感動、詠嘆を表す。

●春の句

2　雪とけて村一ぱいの子どもかな　小林一茶（一七六三～一八二七）

○季語…雪とけて
○切れ字…かな
「雪もなくなり、村の中に子ども達が一斉に出てきて遊んでいるなあ。」

大勢の子どもの笑顔や動く姿まで浮かんでくる。切れ字の「かな」は、りきまず、はらで支えてていねいに読みたい。

3　よく見ればなづな花咲く垣根かな　松尾芭蕉（一六四四～一六九四）

○季語…なづな
○切れ字…かな
「垣根の辺りをよく見れば、なずなの花が、あちらにも、こちらにも見えてくるなあ。」

公園や空き地などで、今でも見かけるなずなの花。難しい言葉は一つもない。現代の人が書いたと言っても通用する俳句。何と、松尾芭蕉の三〇〇年前の作。

4　菜の花や月は東に日は西に　与謝蕪村《よさぶそん》（一七一六～一七八四）

○季語…菜の花

「春の夕方、一面の菜の花畑。東を見ればのぼる月、西には沈む日。何と両方が見えている。」

近景の黄色い菜の花と、東の空に出ている金の月、西の方で沈む茜色の夕日。十七文字が創り出す大空間。

5　蝶々《ちょうちょう》のもの食《く》ふ音の静かさよ　高浜虚子《きょし》（一八七四～一九五九）

○季語…蝶々

○切れ字…よ

「蝶々が音もなく、一生懸命口を動かして食べている姿がいいなあ。」

音のない動画を見ている感じ。高浜虚子の描写力のすごさ。

6　外《と》にも出よ触《ふ》るるばかりに春の月　中村汀女《ていじょ》（一九〇〇～一九八八）

○季語…春の月

「家から外に出ておいでよ。手で触れられるくらいの大きな大きな月が出ているよ。」

外の話者が呼びかけることで家の中の人までもイメージ。触るるばかりにという比喩が見事。

●夏の句

7　草の葉を落つるより飛ぶ蛍かな　　松尾芭蕉（一六四四～一六九四）

○季語…蛍

○切れ字…かな

「草の葉の上で光っていた蛍が、落ちたかと思った瞬間、宙に舞い上がり飛んでいったなあ。」

落ちかけて、そのまま弧を描き飛ぶ蛍の映像が見事。その蛍の命の輝きに心ときめく話者の心情も見事に浮上。

①②③④⑤⑥⑦⑧

くさのはを・・・

・おつるよりとぶ・

・ほたるかな・・

8　愁《うれ》ひつつ岡にのぼれば花いばら　与謝蕪村（一七一六〜一七八四）

○季語…花いばら

「心に悲しみの思いを抱いて岡にのぼると、野ばらに出会った。心が晴れるな。」

難しい言葉は一つもない。作者を隠して句だけ紹介すると、平成の俳句と間違える人も多い。何と蕪村の作。辞典では愁と憂の区別はない。字から受けるイメージはまるで違う。

9　涼風《すずかぜ》の曲がりくねって来たりけり　小林一茶（一七六三〜一八二七）

○季語…涼風

○切れ字…けり

「路地を曲がりくねって、こんな奥まで、涼風がやって来てくれた。」

涼風は夏にふと吹く涼しい風。涼風だから、曲がりくねることができる。見事な擬人法。

10　金亀虫《こがねむし》擲《なげう》つ闇《やみ》の深さかな　高浜虚子（一八七四〜一九五九）

○季語…金亀虫

○切れ字…かな
「黄金虫を、暗闇の中に投げてやったら、闇にすいとられるように音もなく飛んでいった。」

黄金虫を投げたあとの静けさと眼前にひろがる闇の深さ。子どもの頃、自分も似た体験をしたことがあるなあと思った。

●秋の句

11　朝顔につるべとられてもらひ水　加賀千代女《かがのちよじょ》（一七〇三～一七七五）

○季語…朝顔
「井戸で水をくもうとしたら、朝顔がつるべにまきついているので、水はもらいにいくことにした。」

擬人化された朝顔。つるべにまきついている映像が浮かぶ。そのまきついている朝顔はそのままにして、水をもらいにいくという話者のいきな姿も浮上。

12　菊の香《か》や奈良には古き仏たち　松尾芭蕉（一六四四～一六九四）

○季語…菊
「奈良にある古い仏像たち。今、菊の香りに包まれている。」

九月九日。重陽《ちょうよう》の節句の日に、奈良に出かけた芭蕉が詠んだ句。色彩豊かな菊と奈良の古い仏とが対比的に描かれている。菊の香まで漂ってくる。

13　をり《お》とりてはらりとおもきすすきかな　飯田蛇笏《だこつ》（一八八五〜一九六二）

○季語…すすき
○切れ字…かな
「すすきを折りとってみると、穂がずっしりとたれてきて、手に重みが伝わってきたなあ。」

すすきの穂が、たれ下がってくる映像と共に、すすきの意外な重さを感じている話者の心情も浮上。

14　大空にまたわき出でし小鳥かな　高浜虚子（一八七四〜一九五九）

○季語…小鳥
○切れ字…かな
「鳥たちが、次々と、まるで大空からわいて出てくるように見えてくるなあ。」

「またわきい出でし」で、水が湧いて出てくるように空の彼方から出現する小鳥の動きが鮮やか。

15　水澄《す》みて金閣の金さしにけり　阿波野青畝《あわのせいほ》（一八八九～一九九二）

○季語…水澄む
○切れ字…けり
「水が澄んでいて、金閣寺の金の色が、水の澄んだ池に鮮やかにさしているなあ。」

金閣寺を知らない者はいないだろう。金閣寺という固有名詞が圧倒的な映像を喚起させる。見ているのは金閣寺本体ではなく、澄んだ池の水に映っている金閣であるという面白さ。

●冬の句

16　わが庵《いお》は大文字山《だいもんじやま》の落ち葉かな　高浜虚子（一八七四～一九五九）

○季語…落ち葉
○切れ字…かな
「私の小さな庵は、まるで大文字山の落ち葉のようだなあ。」

ここでも、大文字山が圧倒的な存在感を作り出し、落ち葉のような私の庵と見事に対比している。

この句を図式化してみる。

①②③④⑤⑥⑦⑧
わがいおは・・・
・だいもんじやまの
・おちばかな・・・

このとおり、「中五」、「だいもんじやまの」で八音使っている。「だいもんじやまのおちばかな・・・」と「中七」と「下五」を続けて読めばよいことになる。が、実際には、「だいもんじやまの」を早めに読み、少し「ため」を入れて読みたくなる。

俳句の五七五の読み方は、「上五《かみご》」「中七《なかしち》」「下五《しもご》」が一般的。

17　む《う》まそうな雪がふうは《わ》りふは《わ》りかな　小林一茶（一七六三〜一八二七）

○季語…雪
○切れ字…かな

「おいしそうな雪がふわりふわりふってくるなあ。」

擬態語「ふうわりふわり」で、雪片の大きな雪がふってくる姿が浮かんでくる。子どもの頃、ぼた雪がふると、口を開けたことを思い出す。

18　いくたびも雪の深さを尋ねけり　正岡子規（一八六七〜一九〇二）

○季語…雪
○切れ字…けり
「雪はどれくらい積もったのかと、さきほどから何度も聞いてしまうよ。」

病に臥せっている話者（この句では子規本人）からは、雪の深さは分からない。雪の深さが気になり、何度も聞いているのである。この句では、子規の姿が浮かんでしまう。

19　梅一輪一輪ほどの暖かさ　服部嵐雪《らんせつ》（一六五四〜一七〇七）

○季語…梅
「梅が一輪咲くと思うと、また一輪咲いている。あったかくなったなあ。」

私は、当然、このように、解釈し、だんだん咲いていく梅の映像を浮かべていた。ところが、次のような解釈もあるそうである。

「梅が一輪咲いた。この一輪にもほんの少し暖かさが感じられるようだ。」

この場合は、次のような読みになるだろうか。

「梅一輪＜一輪ほどの暖かさ。」

20　旅に病んで夢は枯野をかけ廻る　　松尾芭蕉（一六四四〜一六九四）

○季語…枯野

「旅の途中病気になってしまった。頭の中では、まだ、冬の枯野の中を旅しているのだ。」

芭蕉が亡くなる四日前に詠んだ句である。病床の中で、弟子を呼んで、書き取らせたと言われる。芭蕉真骨頂の句。数多くのモノを見てきた芭蕉は、一瞬のうちにそれらが蘇る。そして、病さえなければ、もっともっと見たいという願いも伝わってくる。

3 漢詩で音読する声と身体をつくる―漢詩六選―

今、我々が目にしている「漢詩の読み下し文」は日本人の大発明である。千数百年前、漢詩を知った日本人は、漢語を残しながら、部分的に和語にし、見事な和漢混交文（読み下し文）をつくり上げた。そのリズミカルで力強く美しいこと。

漢詩の音読で子ども達の声が変わる。母音を利かせ、はらに力を入れ、身体全体で響かせていく。すると、「日本語ってこんなに豊かだったのか」と驚くような声が出る。姿勢までよくなってくる。はらを使いたくなる。

私が音読用漢詩を選ぶ基準は、「分かりやすいかどうか」だ。時代背景や、作者の境遇等の詳しい説明は必要ない。ひたすら、言葉を吟味し音読する。できたら暗唱する。大体の意味を紹介する。

（1）胡隠君《こいんくん》を尋《たず》ぬ

胡隠君《こいんくん》を尋《たず》ぬ　　高啓《こうけい》（一三三六～一三七四）

水を渡り復《また》水を渡る
花を看《み》環《また》花を看る
春風江上《しゅうぷうこうじょう》の路
覚えず君が家に到る

「川をいくつも渡ってきた。いくつもの花を見てきた。春風が吹く川沿いの道をいくうちに、いつのまにか、君の家に到着していた。」

心もうきうきしてくるような春の詩。新学期にぴったり。低学年にもおすすめ。

この詩については、音読みも面白い。

尋胡隠君《じんこいんくん》　高啓《こうけい》

渡水復渡水《とすいふくとすい》
看花環看花《かんかかんかんか》
春風江上路《しゅんぷうこうじょうろ》
不覚到君家《ふかくとうくんか》

二連目の「かんかかんかんか」は、子ども達が好きなところだ。

(2) 春暁《しゅんぎょう》

春暁《しゅんぎょう》　孟浩然《もうこうねん》（六八九～七四〇）

春眠《しゅんみん》暁《あかつき》を覚えず
処処《しょしょ》啼鳥《ていちょう》を聞く

夜来《やらい》風雨の声
花落つること知る多少《たしょう》ぞ

「春の眠りはここちよく、夜があけたのにも気づかず寝ている。いろいろなところで、鳥の声が聞こえてくる。夕べはひどい雨と風の音がしていた。花は、どれくらい散ってしまったことだろうか。」

おなじみの漢詩である。これも音読みをさせたい。

春暁　　孟浩然

春眠《しゅんみん》不《ふ》覚暁《かくぎょう》
処処《しょしょ》聞《てい》啼《ぶん》鳥《ちょう》
夜来《やらい》風雨《ふうう》声《せい》
花落《からく》知《ち》多少《たしょう》

日本語の音読みは、現代中国語の読みとはまるで違う。「春眠」は、中国語では「チュンミィエーン」、「処処」は「チュウチュウ」に近い音である。日本語にはない音だから、漢語を再現できないかと思っていた。ところが、驚くべきことが分かった。唐時代の中国音を復元した研究者がいる。その音を聞いたら、春眠は「シュンミン」、処処は「ショショ」と発音している。何と中国の方で読みが変化しているのである。日本の音読みのいくつかに、もともとの漢字音が残っているのだ。

（3）鸛雀楼《かんじゃくろう》に登る

鸛雀楼《かんじゃくろう》に登る

王之渙《おうしかん》（六六八〜七四二）

白日《はくじつ》山に依《よ》りて尽《つ》き
黄河海に入《い》りて流る
千里の目を窮《きわ》めんと欲して
更に上る一層の楼《ろう》

「鸛雀楼に登った。太陽が西の山に消えて行き、黄河は海の中に流れこんでいく。さらに遠くまで見たくなり、もう一層登っていく。」

この詩を、「話者は何を見ているか」という発問で授業した。話者には、海は見えない。海は、鸛雀楼から七〇〇キロ以上離れている。目の前を流れる黄河を見ながら、それが海に入るところを想像しているのだ。

（4）獨《ひと》り敬亭山《けいていざん》に坐《さ》す

李白の詩は、どれもおすすめ。比喩、色彩の使い方、固有名詞の挿入、対比表現の見事さ。動きを伴う鮮烈なイメージが喚起する。一四〇〇年も前に書かれたとはとても思えない。

獨《ひと》り敬亭山《けいていざん》に坐《ざ》す

李白（七〇一～七六二）

衆鳥《しゅうちょう》　高く飛びて盡《つ》き
孤雲《こうん》　獨《ひと》り去って閑《かん》なり
相看《あいみ》て両《ふた》つながら厭《いと》わらずは
只《ただ》敬亭山有るのみ

「鳥の群れは、空高く飛びさり、一つだけあった、雲も行ってしまった。敬亭山と私だけが互いに向き合い、いつまでもじっと見つめているのだ。」

鳥、山、雲を見事に擬人化している。話者の心情まで喚起してくる。

（5）早《つと》に白帝城《はくていじょう》を発《はっ》す

早《つと》に白帝城《はくていじょう》を発《はっ》す

李白

朝《あした》に辞《じ》す　白帝彩雲《さいうん》の間《かん》
千里の江陵《こうりょう》　一日にして還《かえ》る
両岸《りょうがん》の猿声《えんせい》　啼《な》いて住《や》まざるに
軽舟《けいしゅう》　已《すで》に過ぐ万重《ばんちょう》の山

「朝早く、朝焼けの雲がたなびく白帝城を出発した。千里離れた江陵まで、一日で行くことができる。両岸の止むことのない猿の鳴き声に囲まれる中、私の乗った小さな舟は、重なる山々の間を軽やかに通り過ぎていくのだ。」

「白帝」と「彩雲」、「千里」と「一日」、「軽舟」と「万重」、「発す」と「辞す」等、対比表現が見事に組み入れられ、見事な映像が浮かぶ。

(6) 春望《しゅんぼう》

春望《しゅんぼう》　杜甫《とほ》（七一二～七七〇）

国破れて山河《さんが》在り
城春にして草木深し
時に感じては花にも涙を濺《そそ》ぎ
別れを恨《うら》んでは
鳥にも心を驚かす
烽火三月《ほうかさんげつ》に連《つら》なり
家書万金《かしょばんきん》に抵《あ》たる
白頭掻《はくとうか》けば更に短く
渾《す》べて簪《しん》に

勝《た》えざらんと欲す

「戦のため、国（長安の都）は、破壊されたが、山や河は、もとのまま残っている。町（城）にも春がやってきたが、草木が深くおいしげったままだ。このような時勢を悲しんでいるので、花を見ても涙がこぼれる。家族との別れをなげいている私には、鳥の声にも心がゆれ動く。戦を知らせるのろしは、何か月も続けて上がっている。こんなときに届く家族からの手紙は、かけがえのないものだ。しらが頭をかきむしると、髪もいっそう短くなり、冠をとめるかんざしもさせなくなってしまいそうだ。」

この詩は、音読だけでなく対話的な授業が可能だ。「話者が見ているものは何か。」と問う。出てくるものを二つに分けさせる。自然（山河、草木、花、鳥）と、人事（城、涙、烽火、家書、白頭、簪）とに見事に分けられる。主題も考えさせる。私は、「Aすべてを破壊する戦争はいや」「Bどんなときでも家族の存在はうれしいものだ」「C年をとるのは大変つらいこと」の三点を示して討論させた。

4 論語味読のおすすめ―論語七選―

論語は素読すればよいとよく言われる。素読とは、「文章の意義の理解はさておいて、まず文字だけを声を立てて読むこと」（広辞苑）とある。素読と言えば、江戸時代の藩校、寺子屋を思い出す。藩校では、四書五経、寺子屋では、実語教、童子教が、素読教材の定番であった。

その中で、論語だけは、時を経て、現代まで読み継がれてきた。とくに三〇年ほど前から、論語についての著作が相次いで出版されている。二五〇〇年前にも、人間について、こんな洞察がなされていることに驚く。子ども達に紹介したくなる。

第一に紹介したい論語。

(1) 君子《くんし》は義に喩《さと》り

子曰《しいわ》く、君子《くんし》は義に喩《さと》り、小人《しょうじん》は利《り》に喩《さと》る。

教師が音読したあと、子ども達に音読させる。

そこで、簡単な説明。

「孔子（先生）が言われました。立派な人は、それが、正しいかどうかを考え行動します。つまらない人は、損か得かを考えて行動します。」そして、「さあ、みなさんは、君子の道を歩くのでしょうか。小人の道でしょうか。」等と言ったあと、再度、一斉音読。

そんな解説したら、素読にならないのではという方もあろう。確かに、次のような声もある。「素読は、…感性を通して、言葉の響きと味わいが心に浸透し、細やかなひげ根を生やし、意味や内容はずっと遅れて、あとからゆっくり育っていく。」〔『素読のすすめ』安達忠夫〕

全体としては氏の主張に賛同する。しかし、論語については、子ども達に内容を紹介したくなる。

一つは、私自身が、孔子の言葉に驚き、新しい概念を持った喜びを、子ども達に早く知らせたいと思ってしまうからだ。

あと一つは、この時代、安藤氏の言うように、「あとからゆっくり育っていく」と断定する自信がないからだ。

そして、何より、内容を知ったあとの音読の方が、豊かで音楽的な響きに変わる。意味を知り、意味から自由になり、リラックスできるからだろう。それにより生まれた響きが、身体に残ると考える。一度、意味を知らせたら、あとは、音読すればよい。中身を味わった上で素読する。このように論語は素読というより、味読《みどく》していきたい。

あるとき、論語の講座をひらかれている方が論語を読まれるのを聞いた。「子のたまわくー。君子は義にさとりー。小人は利にさとるー。」

えっと思った。「子曰く」を「のたまわく」と読まれた。確かに「言う」の尊敬語は、「宣《のたま》う」である。子（孔子）の場合は、「のたまわく」、子貢等、弟子の場合は、「いわく」と使い分けて読んでいるのかも知れない。私は、すべて、「いわく」と読む。「し・・・／いわく・」と二拍に収めてしまう。

その方が歯切れよい。

もう一つ気になったことがある。「のたまわくー」「さとりー」「さとるー」と語尾が強調されればされる。「読み上げている」といった感じとなり、不自然である。

私は、逆に、主部「子」「君子」「小人」をはらで支えながら高く発声し、語尾ははらで支えて声を落とす。「読み落とす」といったイメージで読む。「文章音読の基本」として、紹介してきた方法である。リズムもよくなる。

論語の中から、おすすめしたいものを紹介する。参考のため、訳も付ける。目の前の子に伝わる形に修正していただきたい。読み方も工夫して、子どもと共に味読していただきたい。

(2) 吾嘗《われかつ》て終日食《く》らわず

子曰く、吾嘗《われかつ》て終日食《く》らわず、終夜寝《い》ねず、以《もっ》て思う。益《えき》無し。学ぶに如《し》かざるなり。


「孔子が言われました。私は、かつて、一日中食べず、一晩中寝ずに考えたことがあります。そして、分かりました。何も得ることはないと。他の人から学ぶしかないのです。」

師や書など、外から学ぶことの大切さを分かりやすく述べている。

（3）三人行《おこな》へば

子曰く、三人行《おこな》へば、必ず我が師有り。其《そ》の善なる者を択《えら》びて之《これ》に従ひ、其の不善《ふぜん》なる者は之を改むと。

「三人で行動すれば、必ず師を見つけることができます。良い行いをする人がいれば、その行動を見習うことができます。悪い行いをする人があれば、自分もそうではないかと反省することができます。」〔子曰くの訳は略。以下同じ〕

「班の中にも、見習うとよいという人がいるでしょう。」と付け加えるのも面白い。

（4）学びて思わざれば

子曰く、学びて思わざれば則《すなわ》ち罔《くら》し。思いて学ばざれば則ち殆《あや》うし。

「物事を学ぶだけで自分で考えないと、理解はあやふやになります。考えるだけで師から学ばない人は、自分の考えにとらわれ、危険です。」

子ども達は、考えるタイプ、知識を覚えるタイプに分れる。両タイプ共に必要な言葉。

(5) 人の己を知らざるを患《うれ》へず

子曰く、人の己を知らざるを患《うれ》へず、人を知らざることを患《うれ》ふ。

「自分のことを分かってもらえないとなげくより、自分が人のことを理解していないことを気にした方がよい。」

子どもだけでなく、現代の大人に必要な言葉。

(6) 古《いにしえ》の学者は

子曰く、古《いにしえ》の学者は己の為《ため》にし、今の学者は人の為にす。

「昔の学者は、自分自身を高めるために学問をしました。今の学者は、人から認められるために学問をしているようです。」

学者は、「学ぶ者」ととらえる。

（7）厩《うまや》焚《や》けたり

厩《うまや》焚《や》けたり。子、朝《ちょう》より退きて曰く、人を傷《そこな》へるかと。馬を問《と》はず。

「孔子の家のうまやが火事で焼けました。朝廷から帰ってきた孔子は、人にけがはなかったかと言われ馬のことは何も聞きませんでした。」

当時、貴重だった馬より人間を大事する孔子の人柄が分かる。

5 文語体の歴史的価値と現代的価値―名文七選―

小学校学習指導要領では、高学年で、次の二点を指導することが明記されている。

① 親しみやすい古文や漢文、近代以降の文語調の文章を音読するなどして、言葉の響きやリズムに親しむこと。

② 古典について解説した文章を読んだり作品の内容の大体を知ったりすることを通して、昔の人のものの見方や感じ方を知ること。

これに対応するように、五、六年の教科書に文語文が紹介されている。①も②も、いわば、過去の言語文化の学習と位置づけられている。文語体の歴史的な価値を認識させようというものである。もったいないと思う。私は、文語体の音読は、日本語の言葉や文に内在する響きやリズムの体得に役立つと考えている。

また、文語文こそ、「意味句読み」を意識して読むことが必要となってくる。「意味句読み」を定着させる上でも、文語文の音読は有効と考える。

文語文は、過去の遺産ではなく、現代日本語の音読に役立つのである。だから、低学年から文語体の詩歌や文を音読させたり、暗唱させたりしてきた。

文語文は、決して過去のものではない。文語文の持つ現代的価値に目を向けたい。ここでは、名文中の名文を七点紹介する。ぜひ、「意味句読み」を実践していただきたい。文語文の持つ力を味わっていただきたい。

（1）『竹取物語』冒頭

竹取物語

今は昔、竹取の翁《おきな》といふ《う》ものありけり。野山にまじりて竹を取りつつ、よろづ《ず》のことに使ひ《い》けり。名をば、讃岐造《さぬきのみやつこ》となむ言ひ《い》ける。その竹の中に、もと光る竹なむ一筋《ひとすじ》ありける。あやしがりて、寄りて見るに、筒の中光りたり。それを見れば、三寸ばかりなる人、いと美しうて居《い》たり。

（口語訳）

今は昔、竹取りの翁と呼ばれる人がいた。野山に入って、竹を取り、それを元にさまざまなものを作っていた。名前は、讃岐《さぬき》の造《みやつこ》といった。その竹の中に根元が光っている竹が一本あった。不思議に思って、近寄って見ると、筒の中が光っていた。それを見ると、三寸ばかりの、とてもうつくしい人がいたのだった。

『竹取物語』は、平安時代の初期（九～十世紀）に作られたとされる。仮名文字で書かれた日本最古の物語と言われている。

原文には、句読点は打たれていない。読点は、後世になり付されたものだ。このような古文こそ、「意味句読み」がふさわしい。
Ｉ章で紹介したように、意味句読み記号を付す。例として、私が付けたものを示す。なお、読点は付けず、読みやすいように一文ずつ改行した。

≪…大きな間
<…息つぎ間（息を吸う）
・…ため間（息を止める）

音読

竹取物語

≪いまはむかし・たけとりの翁といふ《う》ものありけり
<野山にまじりて竹をとりつつ・よろづのことにつかひ《い》けり
<名をばさぬきのみやつことなむ《ん》いひ《い》ける
<その竹の中に・もと光る竹なむ《ん》一すじありける
<あやしがりて寄りて見るに・筒の中光りたり
<それを見れば三寸ばかりなる人・いとうつくしうていたり

右のように、一行ずつ、息を吸って、次の行を高く出て、息の吐き出しと共に読み下ろしていく。心地よく読める。繰り返し読んでいると、計画した「ため」（・）も要らないのではと思えるほどすらすらと読めるようになる。リズムが生まれてくる。後世に付けた句読点はあえてとってみた。一応、

タイトルも読む。タイトルのあと、一呼吸間を空け（≪）、ためを入れて、「いまは…」と入る。

（2）『方丈記』序

方丈記

ゆく河の流れは絶えずして、しかも、もとの水にあらず。淀《よど》みに浮かぶうたかたは、かつ消えかつ結びて、久しくとどまりたる例《ためし》なし。世の中にある、人と栖《すみか》と、またかくのごとし。玉しきの都の中に棟《むね》を並べ甍《いらか》を争《あらそ》へ《え》る、高き卑《いや》しき人のすまひ《い》は、世々を經《へ》て盡《つ》きせぬものなれど、これをまことかと尋ぬれば、昔ありし家はまれなり。

（口語訳）

河の流れは絶えることがなく、しかも、一度流れた水は、決して元と同じではない。河の淀みに浮かんでいる水のあわは、すぐに消えたりして、同じ場所に留まってはいない。世の中にある人間も住まいも、河の流れや泡と同じで、絶えず移り変わっていくのである。宝石を敷いたような美しい都の中に、棟を並べ、屋根の高さを競っている、身分の高い人や低い人の住まいは、時代が経っても、なくならないもののようであるが、本当にそうなのかと調べてみると、昔からあった家というのはめったにない。

『方丈記』冒頭の一文である。作者は、鴨長明（一一五五〜一二一六）。長明は、平安時代末期から鎌倉時代にかけての歌人・随筆家。『方丈記』は一二一二年に成立。和漢混淆文で書かれている。『枕草子』、『徒然草』と共に日本の三大随筆の一つと言われている。冒頭の記述は、現代にもそのままあてはまりそうである。妙に共感を覚えてしまうのは、自分の中にも、無常観が流れているということなのだろうか。

音読

方丈記

≪ゆく河の流れは絶えずして・しかももとの水にあらず
＜淀《よど》みに浮かぶうたかたは・かつ消えかつ結びて久しくとどまりたる例《ためし》なし
＜世の中にある人と栖《すみか》と・またかくのごとし
＜玉しきの都の中に棟《むね》を並べ甍《いらか》を争《あらそ》へ《え》る・高き卑《いや》しき人のすまひ《い》は・世々を經《へ》て盡《つ》きせぬものなれど
＜これをまことかと尋ぬれば・昔ありし家はまれなり

この部分は、四つの文からなる。問題は、四つ目の文は、「玉しきの」から「まれなり」までの長い一文。ここは、「…なれど」までを一つの意味句にした。途中で、「ため間」（・）を二か所入れる。一息で、かなり長く読むことになる。それを意識し、「玉しき」の前で、息をたっぷり吸っておく。

（3）『枕草子』冒頭

枕草子

春はあけぼの。やうやう白くなりゆく、山際すこしあかりて、紫だちたる雲の細くたなびきたる。

夏は夜。月のころはさらなり、闇もなほ《お》、蛍の多く飛びちがひ《い》たる。また、ただ一つ二つなど、ほのかにうち光りて行くもをか《お》し。雨など降るもをか《お》し。

秋は夕暮れ。夕日の差して山の端《は》いと近うなりたるに、烏《からす》の寝所《ねどころ》へ行くとて、三つ四つ、二つ三つなど飛び急ぐさへ《え》あはれなり。まいて雁《かり》などの連ねたるが、いと小さく見ゆるは、いとをか《お》し。日入り果てて、風の音、虫の音など、はた言ふ《う》べきにあらず。

冬はつとめて。雪の降りたるは言ふ《う》べきにもあらず。霜のいと白きも、またさらでもいと寒きに、火など急ぎおこして、炭持て渡るも、いとつきづきし。昼になりて、ぬるくゆるびもていけば、火桶の火も、白き灰がちになりてわろし。

（口語訳）

春は夜が明けようとする頃（が良い）。日が昇りだんだんと白んでいく山際の辺りが少し明るくなって、紫がかっている雲が長く流れている姿が良い。

夏は夜（が良い）。月が出ている頃は言うまでもなく、闇夜もよい。蛍が多く飛び交っている様子も良い。ほんの一匹二匹が、ぼんやりと光って飛んでいくのも趣がある。雨が降るのも趣がある。

秋は夕暮れ（が良い）。夕日が差し込んで山の端にとても近くなっているときに、烏が寝床へ帰ろうとして、三羽四羽、二羽三羽と飛び急いでいる様子はしみじみと心打たれる。まして雁などが隊列を組んで飛んでいるのが、大変小さく見えるのは、とても趣があって良い。すっかり日が落ちてから聞こえてくる風の音や虫の鳴く音などは、言うまでもなくすばらしい。

冬は早朝（が良い）。雪が降った朝は言うまでもなく、霜がとても白いときも（良い）、またそうでなくても、とても寒いときに、火などを急いでおこして、炭を運んでいくのも、冬の朝にふさわしい。昼になって、寒さがだんだんとやわらいだ頃、火桶に入った炭火も白い灰が多くなっている姿は良くない。

『枕草子』は、平安時代中期、清少納言（九六六〜一〇二五）が執筆した随筆。この冒頭部分は、ほとんどの教科書に所収されている。口語訳にすると一・五倍ぐらいの文章になる。洗練された文語体のすばらしさを味わうことができる。間のとり方。ぜひ参照していただきたい。夏、秋、冬に入る前は、一呼吸置き（≪）、ためを入れて読み始める。

音読

枕草子

≪春はあけぼの

＜やうやう白くなりゆく・山際すこしあかりて
＜紫だちたる雲の細くたなびきたる
≪夏は夜
＜月のころはさらなり
＜闇もなほ《お》
＜蛍の多く飛びちがひ《い》たる・まただ一つ二つなど・ほのかにうち光りて行くもを《お》かし
＜雨など降るもを《お》かし
≪秋は夕暮れ
＜夕日の差して山の端《は》いと近うなりたるに
＜烏《からす》の寝所《ねどころ》へ行くとて・三つ四つ二つ三つなど飛び急ぐさへ《え》あはれなり
＜まいて雁《かり》などの連ねたるが・いと小さく見ゆるは・いとを《お》かし
＜日入り果てて・風の音虫の音など・はた言ふ《う》べきにあらず
≪冬はつとめて
＜雪の降りたるは言ふ《う》べきにもあらず
＜霜のいと白きも
＜またさらでもいと寒きに火など急ぎおこして炭持て渡るも・いとつきづきし
＜昼になりて・ぬるくゆるびもていけば・火桶の火も白き灰がちになりて・わろし

（4）『徒然草』「高名の木登り」

高名の木登り

高名の木登りといひ《い》しをのこ、人をおきてて、高き木に登《のぼら》せて梢《こずえ》を切らせしに、いと危ふ《う》く見えしほどは言ふ《う》事もなくて、おるるときに軒長《のきたけ》ばかりになりて、「あやまちすな。心しておりよ」と言葉をかけ侍《はべ》りしを、「かばかりになりては、飛びおるるともおりなん。如何《いか》にかく言ふぞ」と申し侍《はべ》りしかば、「その事に候《そうろう》。目くるめき、枝危ふ《う》きほどは、おのれが恐れ侍《はべ》れば申さず。あやまちは、やすき所になりて、必ず仕《つかまつ》る事に候」といふ《う》。

（口語訳）

高名の木登りといわれている男が、人を指示して、高い木に登らせて梢を切らせるとき、すごく危なく見えるときには、何も言わなかった。木を下りるとき、家の軒の高さほどになったときに、「注意しろ、気をつけておりなさい。」と言葉をかけた。「これくらいになれば、飛びおりても大丈夫だと思うのに、どうしてそのように言うのか。」と言ったところ、「その事ですが、目がくらくらするほど高く、危ないうちは、自分自身の恐怖心がありますので、何も言わなかったのです。失敗は、安全な所になって、必ず起こる事でございます。」と言ったのだ。

吉田兼好（一二八三〜一三五二）と言えば、『徒然草』である。全部で二四四の話が収められている。今でも、なるほどと納得してしまうような物の見方や、教訓なども多い。この「高名の木登り」は、子ども達にも、分かりやすい話である。教科書にも所収されていた。

音読

高名の木登り

≪高名の木登りといひ《い》しをのこ・人をおきてて・高き木に登《のぼ》せて梢《こずえ》を切らせしに
＜いと危ふ《う》く見えしほどは言ふ《う》事もなくて・おるるときに軒長《のきたけ》ばかりになりて
＜「あやまちすな・心しておりよ」・と言葉をかけ侍《はべ》りしを
＜「かばかりになりては飛びおるるともおりなん・如何《いか》にかく言ふぞ」
＜と申し侍《はべ》りしかば、
＜「その事に候《そうろう》」
＜「目くるめき・枝危ふ《う》きほどは・おのれが恐れ侍《はべ》れば申さず」
＜「あやまちはやすき所になりて・必ず仕《つかまつ》る事に候」・といふ《う》

これも、句読点をはずし、意味句読み記号を付した。会話の部分は逆に、一つの意味句で行わけをし、「　」を付けた。

(5)『おくの細道』序

おくの細道

月日は百代《はくたい》の過客《かかく》にして、行《ゆ》きかふ年《こう》も又旅人也《なり》。舟の上に生涯を浮かべ、馬の口とらへ《え》て老いを迎ふ《う》る者は、日々旅にして旅を栖《すみか》とす。古人も多く旅に死せるあり。

(口語訳)

月日は長い時間をかけて旅していく旅人のようなものであり、その過ぎ去って行く年もまた旅人なのだ。船頭のように舟の上に生涯を浮かべたり、馬子のように馬の轡《くつわ》を引いて老いていく者などは、日々旅をし旅の中にいるのであり、旅を住まいとしているのだ。昔から旅の途中に亡くなった人は多い。

松尾芭蕉（一六四四〜一六九四）の紀行文『おくの細道』の序文の冒頭部分。芭蕉は、元禄二年（一六八九年）の三月二十七日、弟子の曾良を伴い『おくの細道』の旅に出る。この紀行文中にも数多くの名句が収められている。その中から五句。

行《ゆ》く春や鳥啼《な》き魚の目は泪《なみだ》

五月雨《さみだれ》の降り残してや光堂

夏草や兵《つわもの》どもが夢の跡《あと》
閑《しず》かさや岩にしみ入る蝉の声
五月雨をあつめて早し最上川

音読

おくの細道
①≪月日は百代《はくたい》の過客《かかく》にして・行きかふ年《こう》もまた旅人なり
②＜舟の上に生涯を浮かべ・馬の口とらへ《え》て老いを迎ふ《う》る者は
③＜日々旅にして旅を栖《すみか》とす
④＜古人も多く旅に死せるあり

二文目について考えたい。（②と③）
意味を考えると、「日々旅にして、旅を栖と」している者の例として、「舟の上に生涯を浮かべる者」と「馬の口とらへて老いを迎ふる者」が登場している。
だから、次の二つの意味句があると考える。
○舟の上に生涯を浮かべ（る者は）日々旅にして旅を栖《すみか》とす。
○馬の口とらへて老いを迎ふる者（もまた）日々旅にして旅を栖《すみか》とす。
この二つの映像を浮上させるために、「舟の上…」と「馬の口…」を並列的にテンポよく読む。そして、息つぎ間（＜）をとって、「日々旅にして旅を栖《すみか》とす」と読んでみた。

(6)『二宮翁夜話』

二宮翁夜話《おうやわ》

翁曰く。大事をなさんと欲せば、小さなる事を、怠《おこた》らず勤むべし。小積りて大となればなり。凡《おおよ》そ小人《しょうじん》の常、大なる事を欲して、小さなる事を怠り、出来難き事を憂ひて、出来易き事を勤めず。夫《そ》れ故、終に大なる事をなす事あたはず。夫れ大は小の積んで大となる事を知らぬ故なり。

二宮尊徳『二宮翁夜話』より

(口語訳)

尊徳翁《おう》が言った。大きな事を達成しようとするなら、小さな事を怠らずに取り組むとよい。小も積もれば大となる。大体、小人はいつも、大きな事を求めて小さな事をしようとしない。出来ない事を嘆き悲しみ、簡単に出来る事をしようとしない。だから、大きな事を成し遂げることがない。これは、大きな事も小さな事を積み重ねることによって大となることを知らないからだ。

二宮尊徳（幼名金次郎）は、江戸時代後期の人（一七八七〜一八五六）。農村改革の指導者。逆境を努力で切り拓き、惜しみなく働き、多くの農村の救済をしたとされる。『二宮翁夜話』は、尊徳の弟子福住正兄《ふくずみまさえ》が、尊徳の教えを筆記したもの。全部で二八〇あまりの話が所収されている。その中の一つ。

音読

二宮公夜話《おうやわ》

≪翁曰く
＜大事をなさんと欲せば・小さなる事を怠《おこた》らず勤むべし
＜小積りて大となればなり
≪凡《おおよ》そ小人《しょうじん》の常
＜大なる事を欲して小さなる事を怠り
＜出来難き事を憂ひて出来易き事を勤めず
＜夫《そ》れ故・終に大なる事をなす事あたはず
≪夫れ・大は小の積んで大となる事を知らぬ故なり

最初にずばりと結論。次に小人の具体例を述べ、最後に再度結論をまとめる。つまり、双括型の三部構成ととらえ、それを意識して音読してみた。二部の「凡そ…」と三部の「夫れ…」の前は、余分に間を空けた。最後の一文は、ていねいに読んでいくと、自然に読む速さも遅くなる。

（7）『若菜集』序

こゝろなきうたのしらべは
ひとふさのぶだう《ど》のごとし
なさけあるてにもつまれて
あたゝかきさけとなるらむ《ん》

ぶだうだなふかくかゝれる
むらさきのそれにあらねど
こゝろあるひとのなさけに
かげにおくふさのみつよつ

そはうたのわかきゆゑ《え》なり
あぢ《じ》はひもいろもあさくて
おほ《お》かたはかみてすつべき
うたゝねのゆめのそらごと

（口語訳）

まだ心の入っていない私の詩は、
一房の葡萄のようなものです。
心ある人の手に摘まれて、
はじめて味わいある酒になるでしょう。

葡萄棚の奥で大切に栽培された
色よい高級品種ではなくて、
心ある人に情けをかけられて置かれた
三、四粒のぶどうの房。

それは、まだまだ幼い詩です。
言葉には、味わいも色もまだ足りません。
ひと噛みして棄てるようなものばかり。
うとうと眠りながら見るはかない夢です。

音読

若菜集

＜こゝろなきうたのしらべはひとふさのぶだう《ど》のごとし
＜なさけあるてにもつまれて・あたゝかきさけとなるらむ《ん》
＜ぶだうだな・ふかくかゝれるむらさきのそれにあらねど
＜こゝろあるひとのなさけに・かげにおくふさのみつよつ
＜そはうたのわかきゆゑ《え》なり
＜あぢ《じ》はひもいろもあさくて・おほ《お》かたはかみてすつべき
＜うたゝねのゆめのそらごと

島崎藤村（一八七二～一九四三）。若い頃は、詩の創作にあたり、後、小説に専念することになる。藤村が出版した四冊の詩集は、すべて文語体で書かれている。『若菜集』は、その第一詩集。

この詩は、意味句読みをしたい。詩の形を変え、意味句読みしやすいようにした。五七調で書かれているので、意味句読みをしても、リズムが生まれる。

Ⅳ章 日本語力を高める現代詩歌の音読法と厳選教材

内田樹氏は言われる。「言葉の命は言葉の物質性のうちに棲まっている。…たくみな『言葉づかい』になるためには、子どものときから『力のある言葉』を浴び続けることだけが重要なのである」（『こんな日本でよかったね』文春文庫）。

教室での一斉音読。一人では考えられないような圧倒的な響きが生まれる。その響きに包まれ、自らの響きを一瞬微調整しながら、声を同調させていく。すると、ますます教室全体が豊かな声のエネルギーで満ちる。「日本語ってこんなに豊かな響きを持っていたのか」。教師も子ども同様、心地よさを味わうことになる。それをもたらしたのは言葉であり、作品であることは疑いない。次に音読する作品を用意しなければ…。音読する子ども達の厳しい吟味を経て、「力のある言葉」が集まっていった。その中から、さらに厳選した詩歌と音読法を紹介した。

1 日本語の心地よいリズムと響きと映像と―金子みすゞ三選―

あたかも歌うような心地よいリズムが生まれ、豊かな日本語の響きが生まれるかどうか。音読教材選択の第一の基準である。口語体で書かれた現代詩の場合、児童用に書かれたものを含めても、意外に少ない。

その中で、金子みすゞの作品は別格である。大半の作品が拍にのせて読むように作られている。二拍のリズムで音読していくと、美しい日本語の響きが生まれる作品が数多くある。

(1) 大漁※1

大漁　金子みすゞ

朝焼け小焼けだ
大漁だ
大羽《おおば》鰮《いわし》の大漁だ。
浜は祭りの
ようだけど
海のなかでは
何万の
鰮のとむらい

音読

大漁　金子みすゞ

1　2　1　2
朝焼け　小焼けだ　大漁だ　・・・・
大羽《おおば》　鰮《いわし》の　大漁だ　・・・・
浜は　祭りの　ようだけ　ど・・・
海の　なかでは　何万　の・・・
鰮の　とむらい　するだろ　う・・・

するだろう

リズムがとりやすいように、詩の形を変えてみた。「1、2、1、2」のリズムで読んでみてほしい。「-」は休み（無音）となる。心地よく読めるはずだ。最初の三行だけで、母音「A（あ）」が十一回も出てくる。A（あ）が出てきたら、口の奥を開けて、「A（あ）」を意識して読んでみる。

「足の裏をしっかり床につけ、腰をのばしてください。首もすっとのばして読む。」

立って読む場合も、座って読む場合も、基本は同じだ。

声が出ていない場合も、「もっと大きな声で…」とは言わない。

「声というモノを、教室の前の方に飛ばすように読んでください！」と、口元から、声が飛び出すように手で示す。

「おなかを両手の指で、押さえてください。」と言って、両手の全部の指で押さえさせ、「おなかが反撥してきますね。それをさらに強く押さえてください。」

すると、さらに心地よい響きが生まれるはずだ。これで語尾の「だ」を、「だー」とのばす子もいなくなる。そして、この三行目まで出てきた「音読の身体」を保ちながら、「浜は祭りの」と明るく読み出すのだが、「ようだけど」は声を落として読みたくなる。次の「海のなかでは何万の　鰯のとむらい」が視野に入ってくるからだ。「海のなかでは何万の」はさらに声を落としたくなる。最後の「とむらいするだろう」の「だろう」は、はらで支えながらゆっくり読みたくなる。

(2) わらい※2

わらい　　金子みすゞ

それはきれいな薔薇《ばら》いろで、
芥子《けし》つぶよりかちいさくて、
こぼれて土に落ちたとき、
ぱっと花火がはじけるように、
大きな花がひらくのよ。

もしも泪《なみだ》がこぼれるように、
こんな笑いがこぼれたら、
どんなに、どんなに、きれいでしょう。

音読

わらい　　金子みすゞ

1　2　3　4
それは　きれいな　薔薇《ばら》いろ　で・・・
芥子《けし》つぶ　よりか　ちいさく　て・・・
こぼれて　土に　落ちたと　き・・・
ぱっと　花火が　はじける　ように・
大きな　花が　ひらくの　よ・・・
もしも　泪《なみだ》が　こぼれる　ように・
こんな　笑いが　こぼれた　ら・・・
どんなに　どんなに　きれいで　しょう

これも大漁と同じく、母音の「わらい（WARAI）」「かねこ（KANEKO）」「ばら（BARA）」と、母音のA（あ）をしっかり利かせ明るく読んでいく。「芥子つぶよりかちいさくて」「こぼれて土に落ちたとき」と押さえ気味に読みたくなる。芥子の粒は、0・5ミリほどしかないのだから。そして、小さく読みたくなるような「けしつぶ（KESHITSUBU）」という音を有している。ところが、次に「ぱ（PA）っと花火（HANABI）がは（HA）じけるように」「大きな（OKINA）花が（HANAGA）ひらく（HIRAKU）のよ」と、再び、母音のA（あ）が登場。日本語って本当に上手くできている。「ぱっと」「はじける」は、その音がはじける姿を表現し、「大きな花がひらく」を発声するとちゃんと、そこに開いた大きな花が出現する。二連では、「こんな笑い」は、一連の「花火のようにはじけた大きな花のような笑い」であることを確認するために、「こんな」を強調して読みたくなる。「どんなに、どんなに、きれいでしょう。」も、拍に収めながら、正確に読んでいき、最後はていねいに終わる。

（3）蜂と神さま※3

「蜂と神さま」も、拍にのって読んでいける。が、それだけでは、もったいない。この詩は、クレシェンドとデクレシェンドで読むのにぴったりの教材である。声のレベルは、1から5までの5段階で調整する。このレベルは、絶対的な音量ではない。自分の中でのだいたいの目安である。読み型をあえて視覚化してみる。

蜂と神さま　　金子みすゞ　〔4〕

蜂はお花のなかに、　〔0・5〕
お花はお庭のなかに、　〔1〕
お庭は土塀のなかに、　〔2〕

土塀は町のなかに、　〔3〕
町は日本のなかに、　〔4〕
日本は世界のなかに、　〔5〕
世界は神さまのなかに、　〔5+〕
さうして、さうして、神さまは、　〔5〜3〕
小ちやな蜂のなかに。　〔2〜0・5〕

まず、タイトルと作者を、教師が〔レベル4〕で、リズミカルに読み、追い読みをさせる。「蜂はお花のなかに」は、声を落として、ささやくように〔レベル0・5〕で読む。子ども達もまねして読む。そのとき、教師は、両手で小さな花を作ってみせる。その後、「お庭」〔レベル1〕↓「土塀」〔レベル2〕↓「町」〔レベル3〕↓「日本」〔レベル4〕↓「世界」〔レベル5〕↓「神さま」〔5+〕と、声をクレシェンドしていく。

読みながら、手で、お庭、土塀、町、日本、世界を作っていく。神様は、天を指さしたりする。「さうして」から、デクレシェンドしていき、「小ちやな蜂のなかに。」は、再び、ささやきとなる。手で、小ちやな蜂を作る。この詩の場合、音数だけでなく、反復と変化が、リズムを生み出している。そして、クレシェンド、デクレシェンドすることによって、この詩のイメージが鮮やかに浮上する。リズミカルに音読でき新しい世界が見えてくる。

※1、2、3『金子みすゞ童謡集　わたしと小鳥とすずと』JULA出版局より

2 音読で噴き出す日本語の力―宮澤賢治六選―

宮沢賢治の作品は、日本語の宝庫である。オノマトペの多用、大胆な比喩、独特な情報の提示の仕方。目で見ると少々読みにくい。ところが、音読してみると、言葉が立ち上がってくる。動物、植物から鉱物まで、すべての登場人物の命が生き生きと動き出す。賢治の作品は、目でなく、「耳で見る」ものである。農学校時代に生徒自作の詩を音読して聞かせたという記録もある。音声化されたときのことを考えて文にしていったのかも知れない。ここに紹介したものは、賢治の作品のごく一部である。どの詩も音読化することで、身体の内部にあった日本語の力が、噴き出してくる。教師も、子どもも、賢治の作品を音読することにより、自らの言語力を高めることができる。

（1）風の又三郎

風の又三郎

どっどど　どどうど　どどうど　どどう
青いくるみも吹きとばせ
すっぱいかりんも吹きとばせ
どっどど　どどうど　どどうど　どどう

音読

1	2	1	2
どっどど	どどうど	どどうど	どどう‐
青い	くるみも	吹きとばせ	‐‐‐‐
すっぱい	かりんも	吹きとばせ	‐‐‐‐
どっどど	どどうど	どどうど	どどう‐

童話、『風の又三郎』の中の一節。「どっどどどどうど」を、「1、2、1、2」の拍にのせて、声

に出してみた。自分のものではないようなエネルギーを伴った声が出た。まるで、文語体の詩歌を音読したときのような感触。「吹きとばせ」は一拍の中に収めて読むとよい。

(2) 雪渡り

雪渡り

「凍《し》み雪しんこ、堅《かた》雪かんこ、
　野原のまんじゅうはポッポッポ。
酔ってひょろひょろ太右衛門が、
　去年、三十八、たべた。
凍み雪しんこ、堅雪かんこ、
　野原のおそばはホッホッホ。
酔ってひょろひょろ清作が、
　去年十三ばいたべた。」
四郎もかん子もすっかり釣《つ》り込《こ》まれて
もう狐と一緒《いっしょ》に踊《おど》っています。
キック、キック、トントン。
キック、キック、キック、トントン。

音読

雪渡り

1	2	3	4
凍《し》み	雪	しん	こ
堅《かた》	雪	かん	こ
野原	の	まん	じゅうは
ポッ	ポッ	ポ	・
・	酔って	ひょろ	ひょろ
太右衛	門	が	・
・	去年	三十	八
・	たべ	た	・
凍み	雪	しん	こ
堅	雪	かん	こ
野原	の	おそ	ばは

キック、キック、キック、キック、トン
トントン。

童話『雪渡り』は、教育出版の教科書の五年生にある。全編が詩といってもよい作品。かつて、立命館小学校の文化フェスティバルで、宮沢賢治を取り上げた際、群読した。途中の「四郎もかん子も…踊っています」は意味句読み。他は、二拍子にのせて読んだ。四年生の子ども達は、全身を使い、跳び上がらんばかりに表現した。音読の「・」は、一拍休み。

ホッ　ホッ　ホ　・
・　酔って　ひょろ　ひょろ
清　作　が　・
・　去年　十三　ばい
・　たべ　た　・
く四郎もかん子もすっかり釣《つ》り込《こ》まれて
くもう狐と一緒《いっしょ》に踊《おど》っています。
キック、キック、トン　トン。
キック、キック、トン　トン。
キック、キック、キック、キック、
・　トントン　トン　・

（3）世界全体が幸福にならないうちは

世界がぜんたい幸福にならないうちは
個人の幸福はあり得ない（中略）
正しく強く生きるとは
銀河系を自らの中に意識して

音読

世界がぜんたい幸福にならないうちは
個人の幸福はあり得ない
く正しく強く生きるとは

これに応じて行くことである
「農民芸術概論綱要　序論」より

・銀河系を自らの中に意識して
　これに応じて行くことである

二つの文、二つの意味句ととらえる。賢治の思想の根幹を、子ども達は高らかに歌いあげた。

(4) 何と云はれても

〔何と云はれても〕

何と云はれても
わたくしはひかる水玉
つめたい雫《しずく》
すきとほった雨つぶを
枝いっぱいにみてた
若い山ぐみの木なのである

「詩ノート」より

音読

〔何と云はれても〕

〈何と云はれても
・わたくしは
・ひかる水玉
・つめたい雫《しずく》
・すきとほった雨つぶを
・枝いっぱいにみてた
・若い山ぐみの木なのである

原詩にタイトルはない。主語「わたくしは」に対応する述部は、「山ぐみのきなのである」。その「山ぐみの木」に「ひかる水玉、つめたい雫、すきとほった雨つぶを枝いっぱいにみてた若い」という修飾句が繋がっている。だから、あえて「何と云はれても」から最後まで一気に読み進めていく。

(5) われらひとしく丘に立ち

次は、賢治が、中学の修学旅行先石巻市日和山で、初めて海を見たときの感動をうたったもの。

〔われらひとしく丘に立ち〕

われらひとしく丘に立ち
青ぐろくしてぶちうてる
あやしきもののひろがりを
東はてなくのぞみけり
そは巨《おお》いなる塩の水
海とはおのもさとれども
伝へてきゝしそのものと
あまりにたがふこゝちして
たゞうつゝなるうすれ日に
そのわだつみの潮《しお》騒《ざ》えの
うろこの国の波がしら
きほひ寄《よ》するをのぞみゐたりき

音読

〔われらひとしく丘に立ち〕

<われらひとしく丘に立ち
<青ぐろくしてぶちうてる
あやしきもののひろがりを
東はてなくのぞみけり
<そは巨《おお》いなる塩の水
<海とはおのもさとれども
・伝へてきゝしそのものと
あまりにたがふこゝちして
<たゞうつゝなるうすれ日に
・そのわだつみの潮《しお》騒《ざ》えの
うろこの国の波がしら
<きほひ寄《よ》するをのぞみゐたりき

すべての行が、「七音＋五音」の文語体。ただひたすら音読するだけで、リズムが生まれ、響きが生まれ、映像も喚起する。これに意味句読みを加味する。前ページのように意味句のための記号を付けた。

（6）永訣の朝

賢治の作品の最後は、「永訣の朝」。妹のとしが亡くなった日に書かれたと言われている。妹に語りかける賢治、「あめゆじゅとてちてけんじゃ」〔雨雪をとってきて賢治にいさん〕と応える妹のとし。発表会では、男子一人一人が語り、妹としの部分は、女子全員が語った。

永訣《えいけつ》の朝

けふのうちに
とほくへいってしまふわたくしのいもうとよ
みぞれがふっておもてはへんにあかるいのだ
（あめゆじゅとてちてけんじゃ）
うすあかくいっさう陰惨《いんさん》な雲から
みぞれはびちょびちょふってくる
（あめゆじゅとてちてけんじゃ）
青い蓴菜《じゅんさい》のもやうのついた

音読

永訣《えいけつ》の朝

＜けふのうちに
とほくへいってしまふわたくしのいもうとよ
＜みぞれがふっておもてはへんにあかるいのだ
（あめゆじゅとてちてけんじゃ）
＜うすあかくいっさう陰惨《いんさん》な雲から
みぞれはびちょびちょふってくる
（あめゆじゅとてちてけんじゃ）
＜青い蓴菜《じゅんさい》のもやうのついた

これらふたつのかけた陶椀《とうわん》に
おまへがたべるあめゆきをとらうとして
わたくしはまがったてっぽうだまのやうに
このくらいみぞれのなかに飛びだした
（あめゆじゅとてちてけんじゃ）
蒼鉛《そうえん》いろの暗い雲から
みぞれはびちょびちょ沈んでくる
ああとし子
死ぬといふいまごろになって
わたくしをいっしゃうあかるくするために
こんなさっぱりした雪のひとわんを
おまへはわたくしにたのんだのだ
ありがたうわたくしのけなげないもうとよ
わたくしもまっすぐにすすんでいくから
（あめゆじゅとてちてけんじゃ）
はげしいはげしい熱やあえぎのあひだから
おまへはわたくしにたのんだのだ

これらふたつのかけた陶椀《とうわん》に
・おまへがたべるあめゆきをとらうとして
＜わたくしはまがったてっぽうだまのやうに
このくらいみぞれのなかに飛びだした
（あめゆじゅとてちてけんじゃ）
＜蒼鉛《そうえん》いろの暗い雲から
みぞれはびちょびちょ沈んでくる
＜ああとし子
＜死ぬといふいまごろになって
わたくしをいっしゃうあかるくするために
＜こんなさっぱりした雪のひとわんを
おまへはわたくしにたのんだのだ
＜ありがたうわたくしのけなげないもうとよ
＜わたくしもまっすぐにすすんでいくから
（あめゆじゅとてちてけんじゃ）
＜はげしいはげしい熱やあえぎのあひだから
おまへはわたくしにたのんだのだ

銀河や太陽、気圏などとよばれたせかいの
そらからおちた雪のさいごのひとわんを……
…ふたきれのみかげせきざいに
みぞれはさびしくたまってゐる
わたくしはそのうへにあぶなくたち
雪と水とのまっしろな二相系《にそうけい》をたもち
すきとほるつめたい雫にみちた
このつややかな松のえだから
わたくしのやさしいいもうとの
さいごのたべものをもらっていかう
わたしたちがいっしょにそだってきたあひだ
みなれたちゃわんのこの藍のもやうにも
もうけふおまへはわかれてしまふ
(Ora Orade Shitori egumo)
ほんたうにけふおまへはわかれてしまふ
あああのとざされた病室の
くらいびゃうぶやかやのなかに
やさしくあをじろく燃えてゐ《い》る

〈銀河や太陽、気圏などとよばれたせかいの
そらからおちた雪のさいごのひとわんを……
〈…ふたきれのみかげせきざいに
みぞれはさびしくたまってゐる
〈わたくしはそのうへにあぶなくたち
〈雪と水とのまっしろな二相系《にそうけい》をたもち
・すきとほるつめたい雫にみちた
このつややかな松のえだから
〈わたくしのやさしいいもうとの
さいごのたべものをもらっていかう
〈わたしたちがいっしょにそだってきたあひだ
みなれたちゃわんのこの藍のもやうにも
〈もうけふおまへはわかれてしまふ
(Ora Orade Shitori egumo)
〈ほんたうにけふおまへはわかれてしまふ
〈あああのとざされた病室の
くらいびゃうぶやかやのなかに
やさしくあをじろく燃えてゐ《い》る

わたくしのけなげないもうとよ
この雪はどこをえらばうにも
あんまりどこもまっしろなのだ
あんなおそろしいみだれたそらから
このうつくしい雪がきたのだ
　（うまれでくるたて
　こんどはこたにわりやのごとばかりで
　くるしまなあよにうまれてくる）
おまへがたべるこのふたわんのゆきに
わたくしはいまこころからいのる
どうかこれが天上のアイスクリームになって
おまへとみんなとに聖《きよ》い資糧《しりよう》をもたらすや
うに
わたくしのすべてのさいはひをかけてねがふ

わたくしのけなげないもうとよ
くこの雪はどこをえらばうにも
あんまりどこもまっしろなのだ
くあんなおそろしいみだれたそらから
このうつくしい雪がきたのだ
　（うまれでくるたて
　こんどはこたにわりやのごとばかりで
　くるしまなあよにうまれてくる）
くおまへがたべるこのふたわんのゆきに
・わたくしはいまこころからいのる
くどうかこれが天上のアイスクリームになって
・おまへとみんなとに聖《きよ》い資糧《しりよう》をもたらすや
うに
くわたくしのすべてのさいはひをかけてねがふ

詩の形態をとっているが、意味句読みをすることで、鮮やかに映像が浮上する。

3 音読でよみがえる悲しみと安らぎと―新美南吉四選―

南吉の作品も音読することによって、作品の世界が浮上する。
南吉が遺した二〇〇余りの詩の中から、若い頃に書いた詩を四点紹介する。

(1) 窓

窓

窓をあければ
風がくる、風がくる。
　光つた風がふいてくる。
窓をあければ
こゑ《え》がくる、こゑがくる。
　遠い子どものこゑがくる。
窓をあければ
空がくる、空がくる。

音読

窓

1　　　2
窓を　　あければ
風がくる、　風がくる。
光つた　　風が
ふいてくる。- -
窓を　　あければ
こゑがくる、　こゑがくる。
遠い　　子どもの
こゑがくる。- -

こはくのやうな空がくる。

音読

窓を　あければ
空がくる、　空がくる。
こはくの　やうな
空がくる。・・

南吉十八歳の作。『ごん狐』を書いた年である。いろんな音読が考えられる。私がしている音読を、視覚化してみた。これも、「1、2」のリズムで読んでいく。「…がくる」は、すばやく二度繰り返して読む。「くる」のあとは、一拍休む。

(2) 明日

明日《あした》

花園みたいにまつてゐ《い》る。
祭みたいにまつてゐる。
明日がみんなをまつてゐる。

草の芽、
あめ牛、てんと虫。

音読

明日《あした》

1　2　1　2
花園　みたいに　まつてゐ　る・・・
祭　みたいに　まつてゐ　る・・・
明日が　みんなを　まつてゐ　る・・・
草の芽　あめ牛　てんとむ　し・・・

明日はみんなをまつてゐる。
明日はさなぎが蝶《ちょう》になる。
明日はつぼみが花になる。
明日は卵がひなになる。

明日はみんなをまつてゐる。
泉のやうにわいてゐる。
らんぷのやうに点《とも》つてる。

明日は　みんなを　まつてゐ　る・・・
明日は　さなぎが　蝶《ちょう》にな　る・・・
明日は　つぼみが　花にな　る・・・
明日は　卵が　ひなにな　る・・・
明日は　みんなを　まつてゐ　る・・・
泉の　やうに　わいてゐ　る・・・
らんぷの　やうに　点《とも》つて　る・・・

十九歳のときに書いた、これもさわやかな詩。立命館小学校の文化フェスティバルで、この詩を発表したときは、一人一行ずつ読み、「明日はみんなをまつてゐる」は全員で読んだ。これも、二拍子か四拍子で読むとよい。すべての文末が、「る」で終了することでリズムが生まれる。「る」のあとに少し間が生まれ、弾みをつけて、次の文が新たに始まるという形となる。最後の行は徐々にスピードを落としていく。「点つてる」は、ゆっくりていねいに発声して終了する。

（3）天国

天国

おかあさんたちは
みんな一つの、天国をもっています。
どのおかあさんも
どのおかあさんももっています。
それは優しい背中です。
どのおかあさんの背中でも
赤ちゃんが眠ったことがありました。
背中はあっちこっちにゆれました。
子どもたちは
おかあさんの背中を
ほんとの天国だとおもってました。
おかあさんたちは
みんな一つの、天国をもっています。

音読

天国

<おかあさんたちは
・みんな一つの、天国をもっています。
<どのおかあさんも
・どのおかあさんももっています。
<それは優しい背中です。
<どのおかあさんの背中でも
・赤ちゃんが眠ったことがありました。
<背中はあっちこっちにゆれました。
<子どもたちは
・おかあさんの背中を
ほんとの天国だとおもってました。
<おかあさんたちは
・みんな一つの、天国をもっています。

南吉十八歳の作。四歳のとき、母を亡くした南吉。南吉には、母親が登場する作品が多い。母を失った哀しみ、母を懐かしむ思いがあるのだろう。この詩は、前ページのように意味句読みをしたい。

文末の「います。」「ました。」は、りきまないようにはらで支えて、声を落として読みたい。

(4) 夕方河原

夕方河原

夕方河原は
さみしいな
ゆらゆら芒《すすき》の穂の先に
かかるお月さま
さみしいな

誰が棄《す》てたかちひ《ぃ》猫の
ままよとないて
さみしいな

遠ほ《お》い砂をとぼとぼと
通る旅人さみしいな

音読

夕方河原

1	2	1	2
夕方	河原は	さみしい	な・・・
ゆらゆら	芒《すすき》の	穂の先	に・・・
かかる	お月さま	さみしい	な・・・
誰が	棄《す》てたか	ちひ《ぃ》猫	の・・・
ままよと	ないて	さみしい	な・・・
遠ほ《お》い	砂を	とぼとぼ	と・・・
通る	旅人	さみしい	な・・・
さ《そ》う言う	私の	足元	の・・・

さう《そ》言う私の足元の
なあがい影も
さみしいな

ほんとに河原は
さみしいな
夕方河原は
さみしいな

なあがい　影も　　さみしい　な・・・
ほんとに　河原は　さみしい　な・・・
夕方　　　河原は　さみしい　な・・・

この詩はリズム読みをしていく。「1、2、1、2」の拍でもよい。「1、2、3、4」と四拍子で読んでもよい。後者の方が、話者のさびしさが伝わってくるようだ。「芒の先の月」「ちひ猫」「旅人」「自分の影」と、話者が見たものの配列のすばらしさ。各連の最後は「さみしいな」でまとめる。十五歳の作とは思えない。

4　すべてのモノの大切さを音楽性と文学性で―まどみちお四選―

「詩は歌である。歌は詩である。」これは、谷川俊太郎さんの言葉だ。文語体の詩歌は、正しい日本語の形にすることと、リズムが生まれることが同時進行する。

一方で、口語体の詩は歌になりにくい。そのため、現代の詩人たちは、さまざまなしかけや技法を駆使して歌にしている。それが、口語体の現代詩の現状である。まどみちおさんの詩の中には、歌になる詩がたくさんある。子ども達に音読させたくなる。

(1) はしる　しるしる

はしる　しるしる

はしる　しるしる　いいきぶん！
からだは　まえへと　すすむのに
けしきは　うしろへ　さがるるる

はしる　しるしる　いいきぶん！
あしは　じめんを　たたくのに
かぜは　ほっぺを　くすぐるる

音読

はしる　しるしる

1　2　3　4
はしる　しるしる　いいきぶ　ん・・・
からだは　まえへと　すすむの　に・・・
けしきは　うしろへ　さがるる　る・・・
はしる　しるしる　いいきぶ　ん・・・
あしは　じめんを　たたくの　に・・・
かぜは　ほっぺを　くすぐる　る・・・

はしる　しるしる　いいきぶん！
どうきは　たいこを　たたくのに
いきも　こんなに　きれるのに！

はしる　しるしる　いいきぶ　ん・・・
どうきは　たいこを　たたくの　に・・・
いきも　こんなに　きれるの　に・・・

「言葉も遊びたがっている」とまどさんは言う。「はしるしるしる」も、言葉遊び歌の傑作。拍にのり、「1、2、1、2」とリズムを付けて音読していく。自然に身体が揺れ始め、歌が生まれる。終わる頃には笑顔がいっぱい。教室の空気に温かい空気が生まれること間違いなし。

(2) がぎぐげごのうた

がぎぐげごのうた

がぎぐげ　ごぎぐげ　がまがえる
がごかご　げごげご　がぎぐげご
ざじずぜ　ぞろぞろ　ざりがにが
ざりざり　ずるずる　ざじずぜぞ

音読

1　2　1　2

がぎぐげごのうた

がぎぐげ　ごぎぐげ　がまがえ　る・・・
がごかご　げごげご　がぎぐげ　ご・・・
ざじずぜ　ぞろぞろ　ざりがに　が・・・
ざりざり　ずるずる　ざじずぜ　ぞ・・・

だぢづで　どどんこ　おおだいこ
だんどこ　でんどこ　だぢづでど
ばびぶべ　ぼうぼう　のびたかみ
ばさばさ　ぼさぼさ　ばびぶべぼ
ぱぴぷぺ　ぽっぽう　はとぽっぽ
ぱっぽろ　ぺっぽろ　ぱぴぷぺぽ

だぢづで　どどんこ　おおだい　こ- - -
だんどこ　でんどこ　だぢづで　ど- - -
ばびぶべ　ぼうぼう　のびたか　み- - -
ばさばさ　ぼさぼさ　ばびぶべ　ぼ- - -
ぱぴぷぺ　ぽっぽう　はとぽっ　ぽ- - -
ぱっぽろ　ぺっぽろ　ぱぴぷぺ　ぽ- - -

まどみちおさんには、このような言葉遊びがたくさんあるが、その中でも、この詩は、擬音語、擬態語を使った音と、音に関わるモノが見事に響きあっている。そして、「1、2、1、2」の二拍子で読めるようになっている。音と言葉が見事に融合。

(3) どうしていつも

どうしていつも
太陽

音読

どうしていつも
<太陽

月
星
そして
雨
風
虹
やまびこ
ああ　一ばん　ふるいものばかりが
どうして　いつも　こんなに
一ばん　あたらしいのだろう。

・月
・星
＜そして
・雨
・風
・虹
・やまびこ
＜ああ　一ばん　ふるいものばかりが
＜どうして　いつも　こんなに
・一ばん　あたらしいのだろう。

この詩を読むと、言葉の音の面白さを痛感する。「タイヨウ」「ツキ」「ホシ」と、そのモノにふさわしい音声で呼ばれている。他の言葉もそうである。「タイヨウ」だけは、漢語である。それを表す和語は、「ヒ」である。千数百年前、太陽という漢字を知り、その音を知った日本人（現代中国語では、タイヤーンに近い音）。さっそくそれを日本語として取り込んでしまったということなのだろう。最後の三行は、二つの意味句で読むとよい。

（4）ぼくが　ここに

ぼくが　ここに

ぼくが　ここに　いるとき
ほかの　どんなものも
ぼくに　かさなって
ここに　いることは　できない

もしも　ゾウが　ここに　いるならば
そのゾウだけ
マメが　いるならば
その一つぶの　マメだけ
しか　ここに　いることは　できない

ああ　このちきゅうの　うえでは
こんなに　だいじに
まもられているのだ
どんなものが　どんなところに

音読

ぼくが　ここに

＜ぼくが　ここに　いるとき
＜ほかの　どんなものも
ぼくに　かさなって
ここに　いることは　できない

＜もしも　ゾウが　ここに　いるならば
そのゾウだけ
＜マメが　いるならば
その一つぶの　マメだけ
・しか　ここに　いることは　できない

＜ああ　このちきゅうの　うえでは
こんなに　だいじに
まもられているのだ
＜どんなものが　どんなところに

いるときにも

その「いること」こそが
なににも　まして
すばらしいこと　として

いるときにも

＜その「いること」こそが
・なににも　まして
・すばらしいこと　として

機会を得て、まどさん宅を訪問したことがある。九九歳になっておられた。四年生の子ども達がまどさんの詩を音読している映像を見ていただいた。耳が遠くなられていたが、パソコンにヘッドフォンをつけたら、「聞こえる、聞こえる」と喜んでくださった。子ども達にメッセージを語ってくださった。その際、朗読していただいたのが、この「ぼくがここに」である。二〇〇〇を超えるまどさんの詩の中で、もっともまどさんらしい詩であると考える。この詩では徹底した意味句読みをしていく。文語体に負けない、文学と音楽の見事な融合をこの詩に見る。

あとがき

音読の方法について、講座を依頼されることがある。文章の音読法から、文語体の詩文、口語体の詩歌まで、一時間もあれば、体得していただけることである。その内容を、今回、このような形でまとめたが、結局、一年以上かかってしまった。相当のページも要してしまった。今回ほど、音を文章化することの難しさを感じたことはない。しかし、書くことで、いろいろ整理できた。

書き終えて分かったことがある。それは、文語体も、口語体も、

日本語の詩文の音読は、意味句読みか、リズム読みを基本にする

とよいということだ。これが、今の時点で到達した音読の大原則である。そして、音読する対象に応じて、次の三点を小原則として意識し音読していくのである。

1　文語体、口語体、いずれも文章は、意味句読みを基本とする。文語体は意味句読みで読むことで、リズムと響きが生まれる。口語体は、不自然さを感じさせないような語るように音読することで映像が生まれ、情報が浮上するように読む。

2　文語体の詩歌（短歌・俳句・漢詩・文語詩）は、拍を伴うリズム読みができるように作られている。ひたすら、拍にのせて音読していく。自然に映像も見え隠れする。

3　口語体の詩は、歌になるようなしかけがある。詩によって、「リズム読み」、「意味句読み」、ときには、「意味句読み＋リズム読み」を選択して音読していく。

このようにまとめたことにより、私自身の音読も変わる気がしている。本書を手にとってくださった方々も、ぜひこれらの原則を活用して音読していただきたい。よろしければ、その結果をぜひお伝えいただきたい。

読み手に心地よい音読、理解が深まる音読は、聞き手をも心地よくさせ、理解を促す。こんな日本語の音読法をさらに求めていきたい。

本書は、「岩下修の国語授業」の三作目にあたる。「音読についてまとめたい」「音読法を伝えたい」。これは、長年の夢であった。明治図書の木山麻衣子さんには、今回も大変お世話になった。執筆の期限、本の内容についても、私の大変わがままな願いを、そっと温かく受け止めてくださった。おかげで何とか書き進めることができた。感謝の言葉もない。

本書が、先生方と子ども達の音読の向上を少しでも後押しする一助となれば幸いである。

二〇一八年　五月　　岩下　修

【著者紹介】

岩下　修（いわした　おさむ）

名古屋市生まれ。公立小学校教諭，立命館小学校教諭，立命館大学非常勤講師を経て，現在，名進研小学校国語顧問教諭。

〈主著〉

『「指示」の明確化で授業は良くなる』（1986年）『ＡさせたいならＢと言え―心を動かす言葉の原則』（1989年）『上達論のある指導案の書き方』（1991年）『指導案の書き方の技術』（1991年）『自学のシステムづくり』（1992年）『自学力を鍛える基本テーマ事例集』（1993年）『「自学」で子どもが変わる』（1997年）『教師の言葉が生きる瞬間』（1999年）『学ぶ「からだ」を育てる―表現で学級・授業を拓く―』（2004年）『国語の授業力を劇的に高めるとっておきの技法30』（2006年）『教師と子どもの読解力を高める』（2008年）『国語科言語活動の充実策』（2009年）『指導案づくりで国語の授業力を高める』（2009年）『続・ＡさせたいならＢと言え』（2010年）『スラスラ書ける作文マジック』（小学館2013年）※『スラスラ書ける作文マジック入門編』（小学館2015年）※『岩下修の国語授業―授業を成立させる基本技60―』（2016年）『岩下修の国語授業―書けない子をゼロにする作文指導の型と技―』（2016年）

（※以外は，すべて明治図書刊）

岩下修の国語授業

国語力を高める究極の音読指導法＆厳選教材

2018年6月初版第1刷刊　©著　者　岩　下　修

発行者　藤　原　光　政

発行所　明治図書出版株式会社

http://www.meijitosho.co.jp

（企画）木山麻衣子（校正）大江文武・有海有理

〒114-0023　東京都北区滝野川7-46-1

振替00160-5-151318　電話03(5907)6702

ご注文窓口　電話03(5907)6668

＊検印省略　組版所　共同印刷株式会社

Printed in Japan　ISBN978-4-18-121711-2